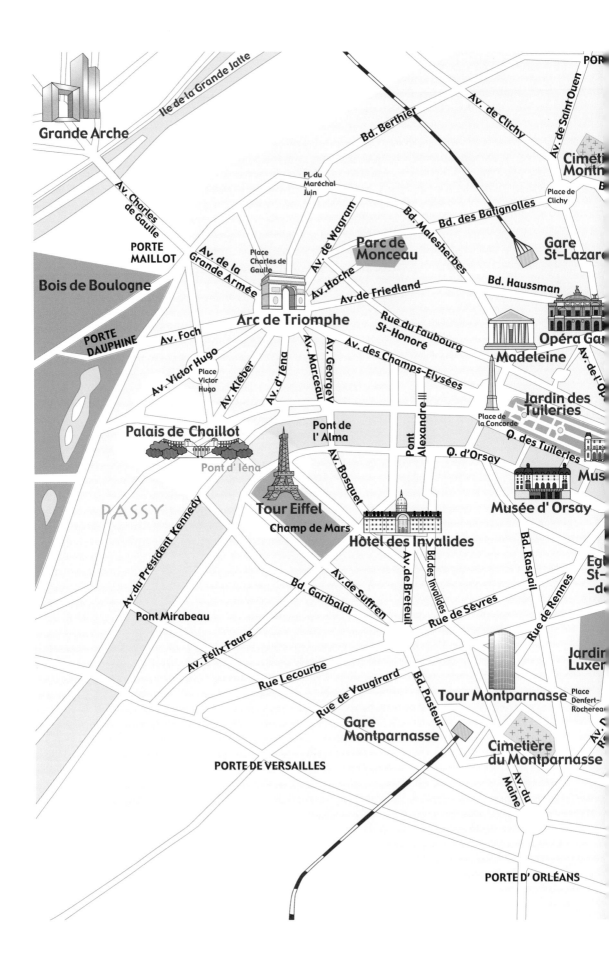

数　字 *(Chiffres)* ⊚ 3

1	un(une)	6	six	11	onze	16	seize
2	deux	7	sept	12	douze	17	dix-sept
3	trois	8	huit	13	treize	18	dix-huit
4	quatre	9	neuf	14	quatorze	19	dix-neuf
5	cinq	**10**	**dix**	15	quinze	**20**	**vingt**

21 vingt et un **40** quarante **60** soixante
22 vingt-deux 41 quarante et un 61 soixante et un
23 vingt-trois 42 quarante-deux 62 soixante-deux

30 **trente** **50** **cinquante** **70** **soixante-dix**
31 trente et un 51 cinquante et un 71 soixante et onze

80 **quatre-vingts** 101 cent un
81 quatre-vingt-un 350 trois cent cinquante
82 quatre-vingt-deux **1000** **mille**
  1200 mille deux cents

89 quatre-vingt-neuf 2000 deux mille
90 **quatre-vingt-dix** **10 000** **dix mille**
91 quatre-vingt-onze **100 000** **cent mille**
92 quatre-vingt-douze **1 000 000** **un million**
  1 000 000 000 **un milliard**
100 **cent**

0 1 2 3 4 5 6 7 8 9

Partir pour Paris

Toshikatsu OTSU
Hiroko TAKIGAWA
Hironao FUJII

Editions ASAHI

『新はじめてのパリ —映像付き—』準拠 HP
このテキストの音声と映像は、下記 HP にて公開しています。

https://text.asahipress.com/text-web/france/hajiparis/index.html

はじめに

　『はじめてのパリ』初版が刊行されて、早や 20 年以上が経ちました。その間、二度改訂版を出しましたが、その内容にも、パリ、そしてフランスの「今」を正確には反映していない部分が見られるようになりました。そこで、今回、最新の情報を盛り込みながら各テーマに関する記述や写真等を大幅に刷新しました。また文法項目の並びをより理解を助けるように整序し直し、練習問題は取り組みやすさを重視して全体的に統一性をもたせ、語彙もより厳選しました。もちろん、楽しく臨場感をもってフランス語を学んでもらいたいという意図は変わりません。前版までの平易さはそのままで、内容を充実させ、実用度を向上させるよう心がけました。

　旧いものと新しいものをうまく調和させながら日々変化していくパリ、さらにはフランスと日本の社会・文化における相違を、この一冊を通して学習者のみなさんが「発見」することを著者は願っています。視点を大きくとれば、それはきっと日仏の相互理解のための小さな一歩にもなるでしょう。

〈各課の構成〉

・Profil	：旅行に役立つ具体的な情報を多彩な写真とともに紹介しています。QR コードで関連映像を楽しめます。
・Jeu	：Profil の内容に関連づけたクイズ形式の問題です。
・Conversation	：日本人女子学生、Mariko と Yoko がはじめてパリを旅するという設定で、実際の旅で遭遇するようなさまざまな場面での会話になっています。ページ下の囲みで重要な動詞の活用を取り上げています。
・Grammaire	：仏検 4 級を目安にした文法項目を扱っています。
・Exercices	：その課で学んだ内容を身につけるための書く問題です。また、関連語彙をまとめています。
・Travaux Pratiques	：仏検に準拠した聴き取り中心の問題です。とりわけ数詞の聴き取りが上達するように、問題のレベルをより細かく分け、各課に配しました。まとめとして、長文の聴き取りに取り組んでもらいます。

　初版の企画段階から中心的存在でいらっしゃった亡き大津俊克先生、本書の作成にあたり、数多くのご教示をいただき、CD の吹き込みをお引き受けくださった Florence Yoko SUDRE 先生、Pierre SINTIVE 先生、写真集めに多大なご協力をいただいた畠山達先生に心からお礼申し上げます。

2020 年　秋
著者

Partir pour Paris
TABLE DES MATIÈRES

Leçon 0

VOUS CONNAISSEZ LA FRANCE ? 1

〈人物・建物からみたフランスの歴史〉

（　　）に人物名（1. ～ 3.）、[　　]に建物名（a. ～ c.）を入れて年表を完成させてみよう。

1163　[　　　　　　　　　　]建設始まる

↓

1429　ジャンヌ・ダルク Jeanne d'Arc 、オルレアン解放

↓

1661　（　　　　　　　　　　）親政始まる

↓

1789　フランス革命 la Révolution 勃発

↓

1804　（　　　　　　　　　　）皇帝に即位

↓

1836　[　　　　　　　　　　]建設

↓

1889　[　　　　　　　　　　]建設

↓

1914 ～ 1918　第 1 次世界大戦 Première Guerre mondiale

↓

1939 ～ 1945　第 2 次世界大戦 Seconde Guerre mondiale

↓

1959　（　　　　　　　　　　）大統領就任

↓

1993　欧州連合 Union européenne 発足

↓

2017　エマニュエル・マクロン Emmanuel Macron 大統領就任

1. ナポレオン Napoléon
2. シャルル・ド・ゴール Charles de Gaulle
3. ルイ 14 世 Louis XIV

a. エッフェル塔 Tour Eiffel
b. ノートル＝ダム大聖堂 Notre-Dame
c. エトワール凱旋門
　　Arc de Triomphe de l'Étoile

VOUS CONNAISSEZ LA FRANCE ? 2

〈隣国・主要都市からみたフランスの地理〉

①〜⑥に国名（1.〜6.）、⑦〜⑫に都市名（a.〜f.）を入れて、下の地図を完成させてみよう。

1. スイス la Suisse
2. スペイン l'Espagne
3. ドイツ l'Allemagne
4. イギリス l'Angleterre
5. イタリア l'Italie
6. ベルギー la Belgique

a. パリ Paris
b. リヨン Lyon
c. マルセイユ Marseille
d. ボルドー Bordeaux
e. ストラスブール Strasbourg
f. トゥールーズ Toulouse

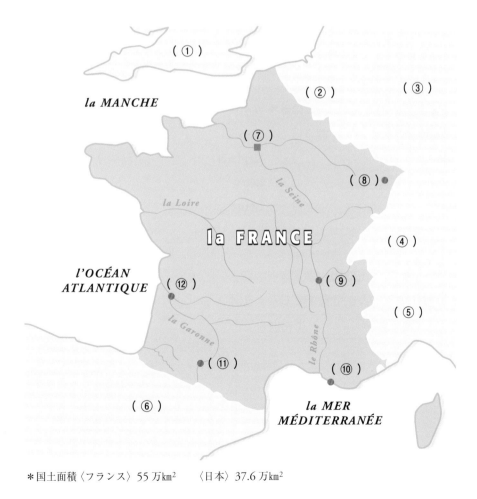

＊国土面積〈フランス〉55万km² 〈日本〉37.6万km²

フランスとはどんな国？

VOUS CONNAISSEZ LA FRANCE ? 3

〈さまざまな統計からみたフランス〉

それぞれ何の統計か話し合ってみよう。

1. (　　　　　　　　　) 〈単位：100万人〉(2015)

　　[日本語とフランス語の数に注目]

中国語	1400	**英語**	840	**スペイン語**	570
ヒンディー語	490	**アラビア語**	422	**ロシア語**	275
フランス語	272	**ポルトガル語**	262	**日本語**	126

　　＊総人口〈フランス〉67　〈日本〉126

2. (　　　　　　　　　) 〈単位：年間100万人〉(2018)

　　[フランスの人気の高さを証明する数字の一つ]

フランス	86.9	**スペイン**	82.8	**アメリカ**	79.6
中国	62.9	**イタリア**	62.1	**トルコ**	45.8
メキシコ	41.4	**ドイツ**	38.9	**日本**	31.2

3. (　　　　　　　　) (2018)

　　[時代によって流行がある。(　　) にカタカナ読みを書いてみよう。]

第1位	Emma	(　　　　　)	Gabriel	(　　　　　　)
第2位	Jade	(　　　　　)	Raphaël	(　　　　　　)
第3位	Louise	(　　　　　)	Léo	(　　　　　　)
第4位	Alice	(　　　　　)	Louis	(　　　　　　)
第5位	Cloé	(　　　　　)	Lucas	(　　　　　　)

4. (　　　　　　) (2019)

　　[フランスは何位か？　表を完成させてみよう。]

	件数	国　名	代表例
1位	55	5	
〃	55		d
3位	48		b
4位	46	3	
5位	45	2	

1. 中国　　　　a. ケルン大聖堂
2. フランス　　b. アルハンブラ宮殿
3. ドイツ　　　c. ピサのドゥオモ広場
4. スペイン　　d. 万里の長城
5. イタリア　　e. モン＝サン＝ミシェル

あいさつの表現を覚えましょう。

― 丁寧な言い方 ― 🔘4

Monsieur Dupont ： Bonjour, madame. Comment allez-vous ?
デュポン氏　　　　「こんにちは。ご機嫌いかがですか［お元気ですか］？」

Madame Martin ： Je vais bien, merci. Et vous ?
マルタン夫人　　　「元気です。ありがとう。あなたは？」

M. Dupont ： Très bien, merci.
デュポン氏　　　　「元気です。ありがとう。」

....

Mademoiselle Dumas ： Au revoir, monsieur.
デュマ嬢　　　　　「さようなら。」

Monsieur Legrand ： Au revoir, mademoiselle. Bonne journée !
ルグラン氏　　　　「さようなら。よい一日を。」

　＊ Monsieur, Madame, Mademoiselle はそれぞれ M., Mme., Mlle. と略される。

― 友達、仲間同士のあいさつ ― 🔘5

Paul ： Salut, Jean. Ça va ?
ポール　　「やあ、ジャン。元気かい？」

Jean ： Ça va, merci. Et toi ?
ジャン　　「元気だよ。ありがとう。で、君は？」

Paul ： Ça va bien, merci.
ポール　　「元気だよ。ありがとう。」

....

Pierre ： Salut, Marie.
ピエール　　「じゃあね、マリー。」

Marie ： Au revoir, Pierre. À demain.
マリー　　「さようなら、ピエール。また明日。」

　＊ Salut は親しい間柄のあいさつで、会ったときも別れるときも使える。
　　もちろん、Bonjour, Au revoir でもよい。

Leçon 1

2つの空港

フランスの空の玄関口は 2 つある。パリ市の北東 25 k m、ロワシーにあるシャルル・ド・ゴール空港 Aéroport de Charles-de-Gaulle と、市の南 14 k mにあるオルリー空港 Aéroport Orly だ。日本やヨーロッパの主要航空会社は前者を、南回り便やアフリカからの航空便は後者を利用している。

入国審査

税関でとくに申告するものがなければ、入国審査 contrôle des passeports はパスポートのチェックのみ。

時差

日本より 8 時間遅れている。3 月末から 10 月末までのサマー・タイム期間は、1 時間早まるため、日本との時差は 7 時間になる。

TOKYO (HANEDA) - PARIS

	Vol	Départ	Arrivée
Haneda - Paris	AF163	09:10	14:45
	AF279	14:20	19:45
	AF293	22:55	04:34 Lendemain
	Vol	Départ	Arrivée
Paris - Haneda	AF162	10:50	05:55 Lendemain
	AF272	17:40	12:45 Lendemain
	AF274	23:25	18:25 Lendemain

TOKYO (NARITA)

	Vol	Départ	Arrivée
Narita - Paris	AF275	10:35	16:10
	Vol	Départ	Arrivée
Paris - Narita	AF276	13:25	08:25 Lendemain

OSAKA (KANSAI)

	Vol	Départ	Arrivée
Osaka - Paris	AF291	10:20	15:55
	Vol	Départ	Arrivée
Paris - Osaka	AF292	13:45	08:35 Lendemain

パリ市内へのアクセス

ロワシー・バス Roissy Bus、ル・ビュス・ディレクト Le Bus Direct などの空港バスまたは RER（高速郊外鉄道）で、パリ市内まで行ける。

■ 両替

日本を発つ前に両替してこなかった場合、交通費など当面必要なお金は空港で両替できる。

■ ユーロ紙幣

100, 200 ユーロなどの高額紙幣は使い勝手が悪い。釣銭がないという理由で、断られることもあるので注意しよう。

■ ユーロ

欧州連合（EU）の単一通貨はユーロ（euro）。紙幣は共通のデザインだが、硬貨の片面には各国独自のデザインがほどこされている。

JEU 1   VRAI OU FAUX ?

次の文が正しいと思えば VRAI、間違っていると思えば FAUX に印をつけなさい。

1. 日本〜パリ間を結ぶ飛行機の直行便は約 12 時間かかる。

< VRAI / FAUX >

2. 入国審査のカウンターは EU と EU 以外の国民に分かれている。

< VRAI / FAUX >

3. ユーロは EU の加盟国全てで使用されている。   < VRAI / FAUX >

パリに着いた！

Conversation 1

— À l'aéroport — 🔘 6

Mariko と Yoko はシャルル・ド・ゴール空港に着いて、両替所を探しています。

Mariko : Pardon, madame. Où est le bureau de change ?

Une dame : Le bureau de change ? Là-bas, près de la sortie.

Mariko : Merci, madame.

La dame : Je vous en prie.

— Au bureau de change — 🔘 7

Yoko は日本円を両替してもらうことにしました。

Yoko   : Bonjour, monsieur. Le change, s'il vous plaît.

Un employé : Voilà, mademoiselle.

Yoko   : Merci, monsieur. Au revoir.

🔘 8

主語人称代名詞：主語となる代名詞				
	単数		複数	
1 人称	**je (j')**	私は	**nous**	私たちは
2 人称	**tu**	君は	**vous**	あなた（たち）は、君たちは
3 人称男性	**il**	彼は、それは	**ils**	彼らは、それらは
3 人称女性	**elle**	彼女は、それは	**elles**	彼女たちは、それらは

je は母音で始まる動詞の前では j' になる。
tu は親しい間柄で用いられる 2 人称で、普通は単数でも複数でも vous を使う。
il(s), elle(s) は「人」「もの」に代わる。

Grammaire 1

1. 名詞の性・数

① 全ての名詞には性があり、男性名詞か女性名詞に分かれる。　livre 男 本：table 女 テーブル

② 複数形は原則として単数形に s をつけるが発音は変わらない。　livre → livre*s*

　　* s, x, z で終わる名詞は単数複数同形。　　fils → fils：prix → prix：nez → nez

特殊な複数形 ⇒ p.80

2. 冠詞

① 名詞には原則として冠詞がつき、名詞の性・数に従って形が異なる。

	男性単数 *m.s.*	女性単数 *f.s.*	男性・女性複数 *pl.*
定冠詞	le (l')	la (l')	les
不定冠詞	un	une	des
部分冠詞	du (de l')	de la (de l')	—

m. 男性 (masculin)
f. 女性 (féminin)
s. 単数 (singulier)
pl. 複数 (pluriel)

　母音で始まる名詞には （　） 内の方を用いる。

　母音で始まる名詞の前では、リエゾン、アンシェーヌマン、エリジョンが行なわれる。　⇒ p.79

② 定冠詞は名詞を特定化したり（「その～」）、その種類全体を総称的に示す（「～というもの」）。

　不定冠詞は数えられる名詞について、不特定の数を表す（「一つの、いくつかの、ある～」）。

　部分冠詞は数えられない名詞について、不特定の量を表す（「いくらかの～」）。

le garçon	les garçons	un livre	des livres	du café
l'enfant	les_enfants	un_hôtel	des_hôtels	de l'argent
la fille	les filles	une table	des tables	de la chance
l'école	les_écoles	une église	des_églises	de l'eau

3. 前置詞 à, de と定冠詞の縮約

　定冠詞 le, les は前置詞 à, de と縮約形を作る　　* la と l' は不変

à le → au
à les → aux

au bureau de change　両替所で

une tarte *aux* pommes リンゴのタルト

　　　* à la gare　駅で　　à l'aéroport　空港で

de le → du
de les → des

la voiture *du* professeur　先生の車

les cahiers *des* élèves　　生徒たちのノート

　　　* le plan de la ville　市街図　　la chambre de l'hôtel　ホテルの部屋

Exercices 1

1. (1) 例にならって、次の単語に不定冠詞と定冠詞をつけなさい。

例 (un) livre　　　　1. (　　　) garçon　　　2. (　　　) fille

　　(le) livre　　　　　(　　　) garçon　　　　(　　　) fille

3. (　　　) hôtel　　4. (　　　) enfants　　5. (　　　) maisons

　(　　　) hôtel　　　(　　　) enfants　　　(　　　) maisons

(2) 例にならって、次の単語に部分冠詞と定冠詞をつけなさい。

例 (du) vin　　　　1. (　　　) pain　　　2. (　　　) viande

　(le) vin　　　　　(　　　) pain　　　　(　　　) viande

3. (　　) eau　　4. (　　　) courage　　5. (　　　) musique

　(　　) eau　　　(　　　) courage　　　(　　　) musique

2. 例にならって (　　) 内に適当な主語人称代名詞を入れなさい。

例　Jean = (　il　)

1. Mariko = (　　　　)　　　　　2. Paul et Jean = (　　　　)

3. Mariko et Yoko = (　　　　)　4. Jean et Yoko = (　　　　)

5. le livre = (　　　　)　　　　6. l'école = (　　　　)

7. les voitures = (　　　　)　　8. les cahiers = (　　　　)

3. (1) (　　) 内に au, aux, à l', à la の中から正しい形を選んで入れなさい。

1. un café (　　　) lait カフェオレ　　2. (　　　) école 学校で

3. (　　　) carte 一品料理　　　　　4. (　　　) Champs-Élysées シャンゼリゼで

(2) (　　) 内に du, des, de l', de la の中から正しい形を選んで入れなさい。

1. en face (　　　) gare 駅の正面に　　2. le musée (　　　) Louvre ルーブル美術館

3. à côté (　　　) église 教会の隣に　　4. le Jardin (　　　) Tuileries チュイルリー公園

Vocabulaire （空港）　💿9

avion(*m.*) 飛行機　　passeport(*m.*) パスポート　　contrôle(*m.*) des passeports 入国審査
douane(*f.*) 税関　　entrée(*f.*) 入口　　comptoir(*m.*) カウンター　　bagages(*m.pl.*) 手荷物
valise(*f.*) スーツケース　　arrivée(*f.*) 到着　　départ(*m.*) 出発　billet(*m.*) 紙幣
monnaie(*f.*) 硬貨

Travaux Pratiques 1

1. 例にならって、s'il vous plaît を使った練習をしてみましょう。 💿10

    例   le change   →   Le change, s'il vous plaît.

    1. un café   →

    2. un carnet   →

    3. l'Opéra   →

2. (1) 例にならって、Où est ～ ? を使って場所を尋ねてみましょう。 💿11

    例   bureau (*m.*) de change   →   Où est le bureau de change ?

    1. station (*f.*) de métro   →

    2. musée (*m.*) Picasso   →

    3. hôtel (*m.*) des Arts   →

    4. poste (*f.*)   →

    (2) 例にならって、près de を使って答えてみましょう。 💿12

    Où est le bureau de change ?   例   sortie (*f.*) → Près de la sortie.

    1. kiosque (*m.*)   →

    2. école (*f.*)   →

    3. gare (*f.*)   →

    4. café (*m.*)   →

3. 聞こえてくるフランス語の数詞を数字で書きなさい。(1 ～ 10) 💿13

    _____   _____   _____   _____   _____

    _____   _____   _____   _____   _____

Leçon 2

ホテルの種類

フランスは世界屈指の観光国だが、小規模で設備が旧式なもの、現代的な大型チェーン、アパート・ホテルなどが混在している。

▲ 代表的なチェーンホテル

▲ 朝食をとる部屋

▲ 典型的なホテル

ビュッフェスタイルかセットメニュー。後者がコンチネンタル・ブレックファストなら、パン、コーヒーが中心で、温かい料理は含まれない。ほかにジュース、チーズ、ヨーグルトなどが付くシンプルなもの。

▲ アパート・ホテル

キッチン、冷蔵庫を備え付けたアパートホテル。市場やスーパーで買い出しして、料理を作って楽しむこともできる。

■ ホテルのランク付け

政府観光局によって6段階に格付けされている。

  ☆   ：最低限の条件は備えた観光ホテル。
  ☆☆   ：比較的快適なエコノミーホテル。
  ☆☆☆   ：非常に快適なツーリストホテル。
  ☆☆☆☆   ：トップクラスの高級ホテル。
  ☆☆☆☆☆   ：超高級ホテル。
  Palace（パラス）：5つ星の中でもとくに歴史的、文化的価値を有するホテル。

▲ Hôtel de Crillon（パラス）

▲ Hôtel le MEURICE（パラス）

▲ ホテル内のカフェ

JEU 2　　VRAI ou FAUX ?

次の文が正しいと思えば VRAI、間違っていると思えば FAUX に印をつけなさい。

1. フランスのホテルは、エレベーターの有無が格付けの
　基準の一つになっている。　　　　　　　　　　　< VRAI / FAUX >

2. ホテルの朝食は全てビュッフェ形式である。　　　< VRAI / FAUX >

3. ルームメイクには毎回チップが義務付けられている。　< VRAI / FAUX >

ホテルの予約は

Conversation 2

— À la réception — 🔘 14

Mariko と Yoko はホテルのフロントにやって来ました。

Mariko	:	Bonjour, monsieur. Je m'appelle Mariko Sato.
Yoko	:	Et moi, je m'appelle Yoko Tanaka.
Mariko	:	Nous sommes japonaises. Nous avons une réservation.
Un réceptionniste	:	Bonjour, mesdemoiselles. Votre chambre est prête.
		Une chambre à deux lits pour huit jours, c'est bien ça ?
Yoko	:	Oui, c'est ça. Et avec le petit déjeuner ?
Le réceptionniste	:	Oui, bien sûr.
		Il y a une salle pour le petit déjeuner au rez de chaussée.
		Voici votre clé.
Mariko	:	Merci, monsieur.

être (= be 動詞) と avoir (= have) の現在形

🔘 15

être				avoir			
je	suis	nous	sommes	j'	ai	nous	avons
tu	es	vous	êtes	tu	as	vous	avez
il	est	ils	sont	il	a	ils	ont
elle	est	elles	sont	elle	a	elles	ont

🔘 16 Je suis japonais(e). 私は日本人です。   J'ai dix-huit ans. 私は 18 歳です。

Elles sont à Paris. 彼女たちはパリにいます。   Vous avez des frères ? 兄弟はいますか。

Grammaire 2

1. 形容詞 (1)

形容詞は修飾する名詞の性・数に一致し、一般に 冠詞＋名詞＋形容詞 の語順をとる。

形容詞の性・数変化の原則

	単数	複数
男性	−	− s
女性	− e	− es

un sac vert   des sacs vert*s*

une jupe vert*e*   des jupes vert*es*

＊ e で終わる形容詞は男女同形   jeune → jeune ; rouge → rouge

形容詞の女性形 ⇒ p.80

2. 所有形容詞 （私の、君の、...）

冠詞に準じて名詞に先立ち、その名詞の性・数によって形が異なる。

所有者		所有されるもの		
		男性単数	女性単数	男性・女性複数
je	私の	mon	ma (mon)	mes
tu	君の	ton	ta (ton)	tes
il/elle	彼の、彼女の	son	sa (son)	ses
nous	私たちの	notre	notre	nos
vous	あなた（たち）の、君たちの	votre	votre	vos
ils/elles	彼らの、彼女たちの	leur	leur	leurs

mon père   ta mère   ses parents   notre frère   votre sœur   leurs cousins

母音で始まる名詞には（   ）内の方を用いる。 ~~ma école~~ → mon école

3. 提示の表現

voici ＋単数名詞・複数名詞 「ここに〜があります、います：こちらが〜です」

voilà ＋単数名詞・複数名詞 「そこに〜があります、います：あちらが〜です：はい、（どうぞ）」

    Voici un garçon. Voilà des filles.   ここに少年が一人います。そこに何人かの女の子がいます。

    Voilà vos billets.   はい、切符です。

c'est ＋単数名詞   「これ ［あれ、それ］ は〜です」

ce sont ＋複数名詞   「これら ［あれら、それら］ は〜です」

    C'est un livre. Ce sont des cahiers.   これは本です。それらはノートです。

il y a ＋単数名詞・複数名詞 （〜がある、いる）

    Il y a deux lits dans la chambre.   その部屋にはベッドが2つある。

    Il y a beaucoup de monde sur la place.   広場には大勢人がいる。

Exercices 2

1. 指示に従って（　　　）内に適当な所有形容詞を入れなさい。

   1. M.Dupont est（私の　　　　　　　）oncle. Il est le frère de（私の　　　　　　　）mère.

   2. （彼の　　　　　　　）sœur a dix ans. （彼女の　　　　　　　）yeux sont noirs. ＊ yeux → œil

   3. （私たちの　　　　　　　）parents sont à Kyoto.

   4. À（あなたの　　　　　　　）santé !

   5. Voilà（彼女たちの　　　　　　　）chats.

2. 文意に従って être か avoir を活用させて（　　　）内に入れなさい。

   1. 「君には姉妹がいるの？」「うん、妹が一人いるよ。」

     Tu（　　　　　　　）des sœurs ? — Oui, j'（　　　　　　　）une petite sœur.

   2. ポールとジャンヌは若い。彼らは 16 歳だ。

     Paul et Jeanne（　　　　　　　）jeunes. Ils（　　　　　　　）seize ans.

   3. 私たちは学生で、あなたは教師です。

     Nous（　　　　　　　）étudiants et vous（　　　　　　　）professeur.

3. 文意に従って、与えられた単語を並べ替えてフランス語の文をつくりなさい。
   ただし、それぞれ使われない単語が 1 つずつあります。

   1. ここに緑の車が 1 台あります。これはデュポンさんの車です。

   → .... M. Dupont.

     c'est / **voici** / **de** / **la voiture** / **une voiture** / **vert** / **verte**

   2. この近くに郵便局はありますか？

   → .... ?

     a / **ici** / **il** / **la** / **poste** / **près d'** / **une** / **y**

Vocabulaire （ホテル） 🎧 17

hall(*m.*) ロビー　chambre(*f.*) à un lit [à deux lits, à grand lit] シングル [ツイン、ダブル] ルーム
avec douche シャワー付き　avec salle de bain(s) バス付き
coffre-fort(*m.*) セーフティーボックス　ascenseur(*m.*) エレベーター
escalier(*m.*) 階段　salle(*f.*) à manger 食堂　sortie(*f.*) de secours 非常口
sous-sol(*m.*) 地下　rez(*m.*)-de-chaussée 1 階　1ᵉʳ étage(*m.*) 2 階

Travaux Pratiques 2

18

allemand(e) ドイツ人　américain(e) アメリカ人　anglais(e) イギリス人　chinois(e) 中国人
espagnol(e) スペイン人　français(e) フランス人　italien(ne) イタリア人　japonais(e) 日本人

acteur [actrice] 男優［女優］　avocat(e) 弁護士　musicien [musicienne] ミュージシャン
étudiant(e) 学生　journaliste ジャーナリスト　marchand(e) 商人　médecin 医者
photographe 写真家　professeur(e) 教師　secrétaire 秘書

1. 上の単語を参考にして、例にならって人物紹介をしてみましょう。 19

例	Jean Dupont	Il s'appelle Jean Dupont.	彼の名前はジャン・デュポンです。
	フランス人	Il est français.	彼はフランス人です。
	ジャーナリスト	Il est journaliste.	彼はジャーナリストです。

　1. Karl Schmidt　　　　2. Mary Hamilton　　　　3. 自己紹介
　　ドイツ人　　　　　　　イギリス人
　　教師　　　　　　　　　女優

2. 音声を聞き、それぞれの文にもっともふさわしい絵を a ～ d の中から選びなさい。 20

　1. (　　)　　2. (　　)　　3. (　　)

a

b

c

d

3. 聞こえてくるフランス語の数詞を数字で書きなさい。(11 ～ 20) 21

_____　_____　_____　_____　_____

_____　_____　_____　_____　_____

Leçon 3

■ 郵便局

郵便局の看板やポストは黄色で、シンボル・マークはツバメを図案化したもの。基本的に月〜金は 8:00 〜 20:00、土は 10:00 〜 13:00 まで開いている。絵はがきを日本に出す場合は、日本語で宛名を書き、最後に JAPON と書けばいい。

コリッシモ Colissimo は小包用段ボール箱。赤と白の箱が海外発送用の Colissimo Monde。

Cher Jean,
Tu vas bien?

Il y a toujours
dans ceux qu'on aime
quelqu'un qui vous parle

M. Jean Dupont
4, rue de Rennes
75006 Paris
FRANCE

A bientôt! Bises,
Yoko

■ 国際電話のかけ方

通話アプリを使った個人的な通話以外の場合

［フランスから日本へ］：00（国際識別番号）→ 81（日本の国番号）→ 相手の電話番号（最初の 0 を除く）

［フランス国内へ］：フランスでは市外局番がないので、10 ケタの番号をそのままダイヤルする。

■ パリの 20 区

パリは中央を東から西へと流れるセーヌ河によって二分されている。その北側を「右岸」Rive droite、南側を「左岸」Rive gauche と呼ぶ。市内は 20 の区 arrondissement に区分されており、パリ発祥の地であるシテ島を中心にして、時計回りに「かたつむり状」に並んでいる。住居表示は番地、通り、区、市の順で表されるのが一般的。

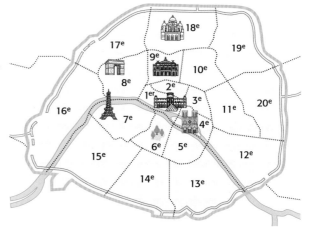

JEU 3

表紙裏と上のパリの地図を参考にしながら、1. ～ 5. が何区にあるか探してみよう。

1. ルーヴル美術館　　　　Musée du Louvre　　　（　　）区

2. エッフェル塔　　　　　Tour Eiffel　　　　　　（　　）区

3. サクレ＝クール寺院　　Sacré-Cœur　　　　　（　　）区

4. ノートル＝ダム大聖堂　Notre-Dame　　　　　（　　）区

5. リュクサンブール公園　Jardin du Luxembourg　（　　）区

3
Profil

アロー、アロー

Conversation 3

— À la poste — 🔘 22

Mariko と Yoko は日本に絵葉書を出そうと思って、郵便局へ行きました。

Mariko   : Une carte postale pour le Japon, c'est combien ?

Un employé : 1,40 euro, mademoiselle.

Mariko   : Alors, 6 timbres à 1,40 euro, s'il vous plaît.

— Au téléphone — 🔘 23

Yoko は日本で知りあったフランス人の Jean に電話をかけます。

Yoko   : Allô, je suis bien chez Monsieur Jean Dupont ?

Jean   : Oui, ... Ah! c'est Yoko ?

Yoko   : Oui, c'est moi. Je suis maintenant à Paris, avec mon amie Mariko.

              Elle parle très bien français. J'ai un cadeau pour toi .....

-er 動詞 (第 1 群規則動詞) の現在形

* er の部分を主語に合わせて、e, es, e, ons, ez, ent に変える。

🔘 24

parler 話す		**aimer** 愛する・好きだ		**commencer** 始まる・始める		**manger** 食べる	
je	parle	j'	aime	je	commence	je	mange
tu	parles	tu	aimes	tu	commences	tu	manges
il/elle	parle	il/elle	aime	il/elle	commence	il/elle	mange
nous	parlons	nous	aimons	nous	commençons	nous	mangeons
vous	parlez	vous	aimez	vous	commencez	vous	mangez
ils/elles	parlent	ils/elles	aiment	ils/elles	commencent	ils/elles	mangent

🔘 25

Je parle français.
　　私はフランス語を話す。

Nous commençons le travail.
　　私たちは仕事を始める。

Vous aimez le cinéma ?
　　あなた (たち) は映画が好きですか?

Nous mangeons du fromage.
　　私たちはチーズを食べます。

Grammaire 3

1. 形容詞 (2)

以下の日常よく用いられる短い形容詞は 冠詞＋形容詞＋名詞 の語順をとる。

bon(ne) / mauvais(e) / petit(e) / grand(e) / beau [belle] / joli(e) / jeune

    良い・美味しい   悪い   小さい   大きい   美しい   きれいな   若い

long(ue) / nouveau [nouvelle] / vieux [vieille] / ancien(ne) / gros(se) / *etc.*

    長い   新しい   年取った・古い   昔の・古くからある   太った

形容詞が名詞の前に置かれると不定冠詞の des は de [d'] に変わる。

    （単数）une jolie fleur   （複数）~~des~~ jolies fleurs → *de* jolies fleurs

2. 指示形容詞 （この、あの、その、...）

冠詞に準じて名詞に先立ち、その名詞の性・数によって形が異なる。

	単数	複数
男性	ce (cet)	ces
女性	cette	ces

    ce livre   ces livres

    cet étudiant   ces étudiants

    cette chambre   ces chambres

ce は母音で始まる名詞の前では cet になる。

遠近の区別をつけたいときは、名詞の後ろに -ci, -là をつける。

    Cette fille-ci est grande, cette fille-là est petite.   この女の子は背が高く、あの女の子は背が低い。

3. 人称代名詞強勢形

主語	強勢形		主語	強勢形	
je	moi	私	nous	nous	私たち
tu	toi	君	vous	vous	あなた（たち）、君たち
il	lui	彼	ils	eux	彼ら
elle	elle	彼女	elles	elles	彼女たち

① 主語などの強調・並置   Je suis japonais, et *vous* ?   — *Moi*, je suis français.

    私は日本人です。で、あなたは？   私はフランス人です。

② c'est の後ろ （属詞）   C'est *lui*. それは彼です。   C'est *nous*. それは私たちです。

③ 前置詞の後ろ   chez *moi* 私の家   avec *toi* 君と一緒に   pour *vous* あなたのために

    Ce sac est à elle. そのバッグは彼女のです。

Exercices 3

1. 例にならって、形容詞を正しい位置に置き、名詞に性数一致させなさい。

　　　例　petit : une ville → **une petite ville**

　　1. bon　　　 une idée →
　　2. grand　　 des maisons →
　　3. chaud　　 de l'eau →
　　4. vieux　　 une dame →
　　5. français　 des films →

2. (　　) 内の不定詞を現在形に活用させなさい。

　　1. J' (écouter →　　　　　　　　　　) de la musique.
　　2. Marie (habiter →　　　　　　　　　　) à Paris ?
　　3. Ils (jouer →　　　　　　　　) au football.
　　4. Vous (aimer →　　　　　　　　) le poisson ?
　　　　— Oui, nous (manger →　　　　　　　　　　) souvent du poisson.
　　5. Les enfants (regarder →　　　　　　　　　) la télé.
　　6. Nous (commencer →　　　　　　　　　　) la leçon.

3. 文意に従って、与えられた単語を並べ替えてフランス語の文をつくりなさい。
   ただし、それぞれ使われない単語が1つずつあります。

　　1. アリスは素敵なブルーのワンピースを着ている。

　　　→ ....

　　　　Alice / bleue / cette / jolie / porte / robe / une

　　2. 今晩私と食事しない？

　　　→ .... ?

　　　　avec / ce / dînes / je / moi / soir / tu

Vocabulaire （郵便・電話） 💿 26

téléphoner à = appeler 電話する　　numéro(*m.*) de téléphone 電話番号　　chargeur(*m.*) 充電器
carte(*f.*) SIM シムカード　　lettre(*f.*) 手紙　　timbre(*m.*) 切手　　colissimo(*m.*) 小包み用段ボール箱
expéditeur(*m.*) [expéditrice(*f.*)] 差出人　　destinataire(*m, f.*) 受取人　　code(*m.*) postal 郵便番号
pays(*m.*) 国　　ville(*f.*) 都市　　contenu(*m.*) 中身

Travaux Pratiques 3

1. 音声を聞き、読まれた文にふさわしい絵を a, b から選びなさい。 💿27

1. (　　　)

a  b

2. (　　　)

a 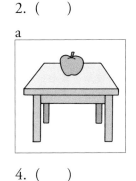 b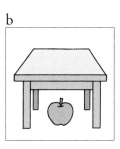

3. (　　　)

a 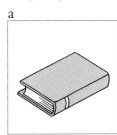 b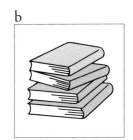

4. (　　　)

a  b

2. 音声を聞き、それぞれの問いにもっともふさわしい応答を a，b から選びなさい。 💿28

1. (　　　)

   a. Oui, ce sont tes lunettes.   b. Non, ce sont ses lunettes.

2. (　　　)

   a. Oui, c'est à moi.   b. Oui, c'est à vous.

3. (　　　)

   a. Oui, ils habitent à Paris.   b. Non, elles habitent à Lyon.

3. 音声を聞き、(　　　) 内に数字を書き入れなさい。 (1 ～ 20) 💿29

1. J'ai (　　　) ans.

2. Paul a (　　　) ans.

3. Elle a (　　　) ans.

4. Mon frère a (　　　) an.

5. Ma sœur a (　　　) ans.

Leçon 4

カフェ

エッフェル塔のないパリが考えられないように、カフェのないパリも考えられない。喫茶店として
だけでなく、食堂、酒場の役割を果たしているものが多い。また、タバコや宝くじなどを扱う店も
あり、それだけ市民生活に密着した存在だと言える。

有名カフェ

歴史に名を残す有名カフェもある。パリで最古のサン・ジェルマン・デ・プレ教会の正面にあるの
がレ・ドゥ・マゴー Les Deux Magots。サルトルやボーヴォワールなどの哲学者、文学者たちが
集い、近くのカフェ・ドゥ・フロール Café de Flore とともに、いわゆる実存主義のメッカになった。

▲ Les Deux Magots

▲ Café de Flore

その他飲食店

・ビアホール的色彩が濃い「ブラッスリー」Brasserie。
・優雅に紅茶とケーキをいただく「サロン・ドゥ・テ」Salon de thé。

▲ Brasserie

▲ Salon de thé

カフェのメニュー

アメリカ系ファストフード

1972 年にフランス進出。マクドナルドは Macdo と呼ばれる。店舗外観や味は食の国フランス流にアレンジされ、マカロンやクロワッサンも食べられる。注文電子パネル→カード決済→カウンターに注文票→商品受け取り、というのが主流。

JEU 4   VRAI ou FAUX ?

フランスのカフェには日本と違うところがある。次の文が正しいと思えば VRAI、間違っていると思えば FAUX に印をつけなさい。

1. カウンターとテラス席では値段がちがう。　　　< VRAI / FAUX >

2. フランスで一般的にいうサンドイッチは、
   日本と同じ食パンで作られたものである。　　< VRAI / FAUX >

3. 「カフェ」を注文すると、日本で言う
   エスプレッソが出てくる。　　　　　　　　< VRAI / FAUX >

4
Profil

テラスでお茶を

Conversation 4

— *Au café* — 💿 30

郵便局の帰りに2人はカフェに入りました。

Un garçon : Bonjour, mesdemoiselles. Vous désirez ?

Mariko : J'ai très soif. Un Orangina, s'il vous plaît.

Yoko : Je n'ai pas soif, mais j'ai faim. Vous avez des sandwichs au pâté de campagne ?

Le garçon : Désolé, nous n'en avons plus.

Yoko : Alors, pour moi, un sandwich au jambon et un café au lait, s'il vous plaît.

Le garçon : Un Orangina, un café au lait et un jambon, d'accord.

Mariko : Monsieur ! L'addition, s'il vous plaît.

Le garçon : Tout de suite !

-er 動詞の変則形

💿 31

appeler 呼ぶ		**acheter** 買う		**préférer** ～の方が好きだ	
j'	*appelle*	j'	*achète*	je	*préfère*
tu	*appelles*	tu	*achètes*	tu	*préfères*
il/elle	*appelle*	il/elle	*achète*	il/elle	*préfère*
nous	appelons	nous	achetons	nous	préférons
vous	appelez	vous	achetez	vous	préférez
ils/elles	*appellent*	ils/elles	*achètent*	ils/elles	*préfèrent*

同型活用　jeter, rappeler, *etc.*　lever, promener, *etc.*　espérer, répéter, *etc.*

💿 32　Il appelle un taxi.　　　　　　　　彼はタクシーを呼ぶ。

J'achète du fromage.　　　　　　私はチーズを買います。

Ils préfèrent la mer à la montagne.　彼らは山より海の方が好きです。

Grammaire 4

1. 否定文　　主語 + ne (n') + 動詞 + pas

Elle aime les chiens, mais elle *n'*aime *pas* les chats.　　彼女は犬は好きだが猫は好きではない。

否定文では、直接目的補語につく不定冠詞・部分冠詞は de [d'] に変わる。

Il a deux frères, mais il n'a pas *de* sœurs.　　彼には兄弟は 2 人いるが、姉妹はいない。

Je n'ai pas *d'*argent.　　私はお金がない。

Il n'y a pas *de* lait dans le frigo.　　冷蔵庫に牛乳はありません。

定冠詞・属詞につく冠詞は変わらない。

Je n'aime pas *le* vin.　　私はワインは好きではない。

Ce n'est pas *un* musée.　　これは美術館ではありません。

さまざまな否定表現

ne plus /	ne jamais /	ne que /	ne rien /	ne personne
もう〜ない	決して〜ない	…しか〜ない	何も〜ない	誰も〜ない

＊ rien, personne は主語や前置詞の後など、どの位置でも使える。

Elle *ne* chante *plus* la chanson.　　彼女はもうその歌は歌いません。

Nous *ne* regardons *jamais* la télé.　　私たちは決してテレビを見ません。

Je *n'*ai *que* dix euros.　　私は 10 ユーロしか持っていない。

Ils *n'*achètent *rien*.　　彼らは何も買わない。

Il n'y a *personne* dans le jardin.　　庭には誰もいません。

2. 中性代名詞 en (1)　　　　　　　　　　　　　　　　　　　　⇒ (2) p.39

不定冠詞・部分冠詞・否定の de・数詞等がついた直接目的補語 に代わり、動詞の直前に置かれる。数量表現は後ろに残す。

Elle achète *des gâteaux*.　　彼女はケーキを買う。　　→ Elle *en* achète.

Nous n'avons pas *d'enfants*.　　私たちには子供はいません。　　→ Nous n'*en* avons pas.

J'ai un *frère*.　　私には弟が 1 人います。　　→ J'*en* ai un.

3. avoir + 無冠詞名詞

avoir faim / soif	avoir chaud / froid	avoir mal à	avoir besoin de
お腹がすいた / 喉が渇いた	暑い / 寒い	〜が痛い	〜が必要だ

J'ai soif. 私は喉が渇いている。　　　　　Il *a faim*. 彼はお腹がすいている。

Vous *avez chaud* ? — Non, j'*ai froid*. 「暑いですか？」「いいえ、寒いです。」

Elle *a mal à* la tête. 彼女は頭が痛い。　　Tu *as besoin d'*un dictionnaire ? 辞書が必要？

Exercices 4

1. 次の文を否定文にしなさい。

    1. Elle parle français.   →

    2. J'achète des pommes.   →

    3. Vous avez de la chance. →

    4. Ils aiment le football.   →

2. (   ) 内の正しい方に○をつけなさい。

    1. C'est (le / un) sac de Nicole.   これはニコルのバッグです。

    2. Elle n'aime pas (le / un) fromage. Elle ne mange jamais (du / de) fromage.
        彼女はチーズが好きではありません。チーズは決して食べません。

    3. Il y a (des / de) belles fleurs dans (un / le) jardin.   庭に美しい花々があります。

    4. (Les / Des) Français mangent (un / du) pain et (les / des) Japonais mangent
       (un / du) riz.   フランス人はパンを食べ、日本人は米を食べます。

    5. Ce n'est pas (un / de) mouton. C'est (la / une) chèvre.
        これは羊ではありません。これは山羊です。

3. 文意に従って、与えられた単語を並べ替えてフランス語の文をつくりなさい。
   ただし、それぞれ使われない単語が1つずつあります。

    1.「姉妹はいるの？」「うん、一人いるよ。」

     → Tu .... ? — Oui, ...

     ai / as / des / en / j' / la / sœurs / une

    2. 私はコーヒーより紅茶の方が好きです。

     → .... ?

     à la / au / café / je / le / préfère / thé

Vocabulaire （カフェ） 🄬 33

petit déjeuner(*m.*) 朝食   déjeuner(*m.*) 昼食   dîner(*m.*) 夕食   terrasse(*f.*) テラス

addition(*f.*) 会計   boisson(*f.*) 飲み物   jus(*m.*) d'orange オレンジジュース

bière(*f.*) ビール   sorbet(*m.*) シャーベット   quiche(*f.*) lorraine キッシュ・ロレーヌ

soupe(*f.*) à l'oignon オニオングラタンスープ   steak(*m.*) frites ステーキのフライドポテト添え

Travaux Pratiques 4

1. 絵を見て、それぞれ数詞をつけて注文してみましょう。 💿 **34**

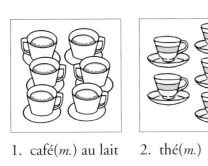   

    1. café(*m.*) au lait   2. thé(*m.*)   3. demi(*m.*)   4. chocolat(*m.*) chaud

    5. glace(*f.*)   6. sandwich(*m.*)   7. omelette(*f.*)   8. croque-monsieur(*m.*)

2. 音声を聞き、それぞれの文にもっともふさわしい絵をa～dの中から選びなさい。 💿 **35**

    1. (   )   2. (   )   3. (   )

      a   b   c   d

3. 聞こえてくるフランス語の数詞を数字で書きなさい。(21 ～ 60) 💿 **36**

_____   _____   _____   _____

_____   _____   _____   _____

Leçon 5

▲ メトロ入口

■ パリのメトロ

パリに地下鉄が開通したのは 1900 年。ロンドン、ベルリン、ニューヨークについで世界で 4 番目だった。現在、14 路線ある地下鉄を乗りこなすには、各駅や観光案内所で手に入る路線図は必携。乗車する路線の番号と、乗車する方向の終点の駅名、乗り換えの有無などをしっかり確認しよう。

RER（高速郊外鉄道）は A から E までの 5 つの路線があり、距離によって料金が異なる。

■ チケット

地下鉄、バス、トラム共通で、市内全線均一料金。10 枚 1 組の回数券 carnet を買っておくと便利。その他に Mobilis（1 日乗り放題切符）、Navigo（交通 IC カード）などがある。

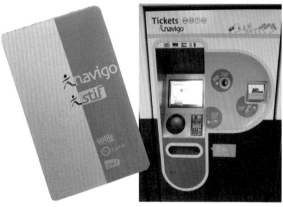

▲ Navigo と券売機

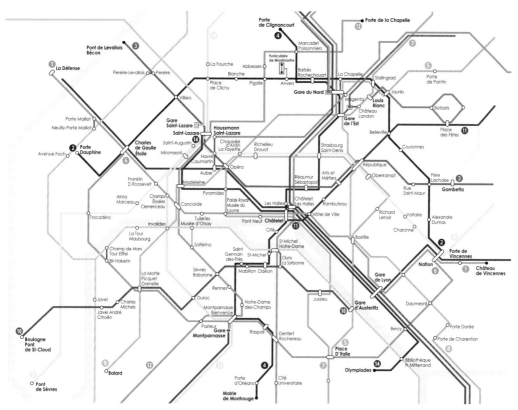

▲ 地下鉄路線図　**plan du métro**（巻末に拡大図あり）

■ パリのトラム

現在、パリ都市圏を9路線が走っているが、今後も数路線の新設予定がある。

JEU 5　VRAI OU FAUX ?

パリの地下鉄には日本と違うところがある。次の文が正しいと思えば VRAI、間違っていると思えば FAUX に印をつけなさい。

1. パリの地下鉄では、出るとき切符は回収されない。　< VRAI / FAUX >

2. パリの地下鉄の車両は全て自動ドアである。　< VRAI / FAUX >

3. パリの地下鉄は市内均一料金である。　< VRAI / FAUX >

5
Profil

メトロに乗って

Conversation 5

— *À la station de métro* — 🔘 37

Mariko と Yoko は地下鉄に乗ってコンコルドまで行こうとしています。

Yoko : Un carnet, s'il vous plaît.

Une employée : Voilà.

Yoko : Est-ce que vous avez des plans du métro ?
Je voudrais aller à la Concorde.

L'employée : À la Concorde ? Pour y aller, vous prenez la direction
Château de Vincennes. Voilà un plan du métro.

Yoko : Merci, madame. C'est très gentil.

L'employée : De rien, mademoiselle. Bonne journée.

vouloir ⇒ p.38

faire・prendre・partir の現在形

faire 作る・する		**prendre** とる・乗る・買う・食べる		**partir** 出発する	
je	fais	je	prends	je	pars
tu	fais	tu	prends	tu	pars
il/elle	fait	il/elle	prend	il/elle	part
nous	faisons	nous	prenons	nous	partons
vous	faites	vous	prenez	vous	partez
ils/elles	font	ils/elles	prennent	ils/elles	partent

同型活用　　　　apprendre, comprendre, *etc.*　sortir, servir, *etc.*

 39　Je fais des courses au marché.　　私は市場で買い物をする。
Ils prennent du thé chaque matin.　彼らは毎朝紅茶を飲む。
Elles partent pour Paris.　　　　彼女たちはパリに出発する。

Grammaire 5

1. 疑問文

① 語尾を上げる**イントネーション** Vous aimez les chats ? ↗ 猫はお好きですか？

② 文頭に **Est-ce que** [**qu'**] をつける *Est-ce que* vous aimez les chats ?

③ 主語代名詞と動詞を**倒置**してハイフンで結ぶ *Aimez-vous* les chats ?

肯定疑問文には oui か non かで答える。

— Oui, j'aime les chats. はい、私は猫が好きです。

— Non, je n'aime pas les chats. いいえ、猫は好きではありません。

il/elle の動詞活用語尾が母音の場合の倒置：動詞 -t- 主語代名詞（間に t を入れる）

Parle-t-il japonais ? 彼は日本語を話しますか？

主語が名詞の場合の倒置：名詞主語＋動詞 − 名詞主語を受ける代名詞 = il(s) / elle(s)

（そのまま倒置はできないので注意） Jean parle-t-il japonais ? ジャンは日本語を話しますか？

否定疑問の倒置形：（名詞主語＋） ne [n'] ＋動詞 − 主語代名詞＋ pas

Ne parle-t-il pas japonais ? 彼は日本語を話さないのですか？

否定疑問文には si か non かで答える。

— Si, il parle japonais. いいえ、彼は日本語を話します。

— Non, il ne parle pas japonais. はい、彼は日本語を話しません。

2. 中性代名詞 y (1) ⇒ (2) p.39

場所を表す前置詞＋場所 に代わり、動詞の直前に置かれる（de ＋場所は en を使う）。

Vous allez *en France* ? — Oui, j'*y* vais. 「フランスへ行くのですか？」「はい、そこへ行きます。」

Ils habitent *dans la banlieue de Paris.* 彼らはパリ郊外に住んでいる。 → Ils *y* habitent.

3. 非人称構文 (1) ⇒ (2) p.39

非人称構文の主語には il を用い、さまざまな用法がある。

① 天候 Quel temps fait-il aujourd'hui ? 今日はどんな天気ですか？

— Il fait beau [mauvais]. いい [悪い] 天気です。

Il fait chaud [froid]. 暑い [寒い]。(faire)

Il pleut [neige]. 雨 [雪] が降っている。(pleuvoir, neiger)

② 時間 Quelle heure est-il maintenant ? 今何時ですか？

— Il est trois heures dix. 3時10分です。 時刻の言い方 ⇒ p.83

Exercices 5

1. 次の文を ① Est-ce que を使った疑問文、②倒置の疑問文に書き換えなさい。

    1. Vous habitez à Paris ?

        ① ....

        ② ....

    2. Marie chante bien ?

        ① ....

        ② ....

    3. Ils ne font pas la cuisine ?

        ① ....

        ② ....

2. 次の疑問文に ①肯定と②否定で答えなさい。

    1. Tu prends du café ?

        ① ....

        ② ....

    2. Jean n'aime pas les chats ?

        ① ....

        ② ....

    3. C'est ton sac ?

        ① ....

        ② ....

3. 文意に従って、与えられた単語を並べ替えてフランス語の文をつくりなさい。
ただし、それぞれ使われない単語が1つずつあります。

    1. そこに行くのに、私たちは地下鉄に乗ります。

       → .... aller.

      en / le / métro / nous / pour / prenons / y

    2. 日本では6月にたくさん雨が降ります。

      → ...., ... juin.

      au / beaucoup / en / fait / il / Japon / pleut

Vocabulaire （乗り物） 💿 40

autobus(*m.*) バス   arrêt(*m.*) バス停   gare(*f.*) 鉄道駅   guichet(*m.*) 窓口   billet(*m.*) 切符

ticket(*m.*) (地下鉄、バスの)切符   sortie(*f.*) 出口   carnet(*m.*) 回数券   correspondance(*f.*) 乗り換え

quai(*m.*) ホーム   ligne(*f.*) 路線   consigne(*f.*) à bagages 手荷物預かり所

Travaux Pratiques 5

1. 音声を聞き、それぞれの文にもっともふさわしい絵を a ～ d の中から選びなさい。 🔘 **41**

1. (　　)　　　2. (　　)　　　3. (　　)

a　　　　　　　　b　　　　　　　　c　　　　　　　　d

2. 音声を聞き、それぞれの問いにもっともふさわしい応答を a, b から選びなさい。 🔘 **42**

1. (　　　)

    a.　Oui, vous aimez les glaces.

    b.　Oui, j'aime les glaces.

2. (　　　)

    a.　Oui, j'ai un frère.

    b.　Si, j'ai un frère.

3. (　　　)

    a.　Oui, je parle français.

    b.　Non, il ne parle pas français.

3. 音声を聞き、(　　) 内に数字を書き入れなさい。 (21 ～ 60) 🔘 **43**

1. Il est trois heures (　　　　).

2. Il y a (　　　　) étudiants dans la classe.

3. J'habite (　　　　), rue de Rennes.

4. Mon père a (　　　　) ans.

5. Ça coûte (　　　　) euros.

Leçon 6

■ 名所巡りの第一歩

はじめてのパリを効率的に知るには、観光バスを使ってまずパリの概観をおさえるのもいい。代表的なものはパリ・シティ・ヴィジョン Paris City Vision、マイバス My Bus、カー・ルージュ Cars Rouges など。

■ パリ・シティ・ヴィジョン Paris City Vision

〈昼のパリ〉
音声ガイドを聞きながらノートルダム、エッフェル塔、凱旋門などの名所を約 2 時間で回るコース、セーヌ河クルーズの他、パリ近郊のヴェルサイユ、ジヴェルニー、フォンテーヌブローなどへの半日観光などがある。

ETANG DES NYMPHEAS
WATER LILY POND

〈夜のパリ〉
照明に彩られたモニュメント巡り、レヴュー・ショーなどを組み込んだツアーが用意されている。

■ 公園

パリには公園や庭園が450以上もある。彫刻や泉水を配したフランス式庭園から、元宮殿、採石場など、その来歴もさまざま。鉄製の椅子に座って読書をしたり、芝生でピクニックしたり…地元の人たちも、旅行者も思い思いの時間を過ごす。
有名な絵本にも登場する池での舟遊び。カラフルな舟を棒で押すだけのシンプルな遊びに、子どもたちの歓声が響く。

■ ヴェリヴ Velib'

「ヴェロ Vélo= 自転車」と
「リベルテ liberté= 自由」を組み合わせた造語。
パリ市役所によって設置されたセルフサービス式の
自転車レンタルシステムで2007年に導入された。
「スタスィオン」station は約300mごとにあり、
利用端末は「ボルヌ」borne と呼ばれる。
仏・英・独・伊・西の5か国語表記で、
電動アシスト付き自転車もある。

JEU 6

パリ・シティ・ヴィジョンに関する説明で、a. 〜 c. のうち正しいと思うものを選びなさい。

1. パリ・シティ・ヴィジョンの車中の音声ガイドは最多で—

    a. 5か国語   b. 8か国語   c. 10か国語

2. ジヴェルニー村に暮らし、『睡蓮』などの連作を描いたのは—

    a. クロード・モネ　Claude Monet   b. ヴァン・ゴッホ　Van Gogh
    c. パヴロ・ピカソ　Pablo Picasso

3. パリから一番遠くに行くのは—

    a. ロワールの古城巡り　　Les châteaux de la Loire
    b. モン=サン=ミシェル　　Mont-Saint-Michel
    c. ディズニーランド・パリ　Disneyland Paris

名所を巡れば

Conversation 6

— *Rue de Rivoli* — 🔘 44

Mariko と Yoko は観光バスに乗るためにリヴォリ通りに来ました。

Mariko : Pardon, monsieur, où est l'arrêt de l'autocar ?

Un chauffeur : C'est ici.

Mariko : On visite le Quartier latin ?

Le chauffeur : Oui. On passe par l'Opéra, la Concorde, les Champs-Elysées, l'Arc de Triomphe, la tour Eiffel, Notre-Dame et le jardin du Luxembourg.

Mariko : À quelle heure part l'autocar ?

Le chauffeur : Il va partir dans cinq minutes.

partir ⇒ p.32

aller・venir・vouloir の現在形

🔘 45

aller 行く		venir 来る		vouloir 欲しい・〜したい	
je	vais	je	viens	je	veux
tu	vas	tu	viens	tu	veux
il/elle	va	il/elle	vient	il/elle	veut
nous	allons	nous	venons	nous	voulons
vous	allez	vous	venez	vous	voulez
ils/elles	vont	ils/elles	viennent	ils/elles	veulent

同型活用　　　　　devenir, revenir, *etc.*

🔘 46　Je vais en France.　　　　　Ils vont au Canada.

　　　　私はフランスへ行きます。　　　彼らはカナダへ行きます。

　　　Nous venons du Japon.　　　Elle vient d'Angleterre.

　　　　私たちは日本から来ています。　彼女はイギリスから来ています。　国名と前置詞 ⇒ p.84

　　　Voulez-vous encore du pain ?　Il veut rester longtemps à Paris.

　　　　パンをもっといかがですか？　　彼は長くパリに滞在したがっている。

Grammaire 6

1. 近い未来　aller + 不定詞

Ils *vont partir* pour la France.

彼らはフランスに出発するところです。

cf. Il va acheter le journal.

彼は新聞を買いに行く。

近い過去　venir de + 不定詞

Je *viens d'arriver* à Paris.

私はパリに着いたばかりです。

cf. Il vient dîner chez moi ce soir.

彼は今晩私の家に食事に来る。

aller, venir の現在形 ⇒ p.38

2. 疑問形容詞 （どんな、何）

修飾する名詞の性・数に従って変化する（発音はみな同じでケル）。

	単数	複数
男性	quel	quels
女性	quelle	quelles

Quelles sont ces fleurs ?　　これらは何の花ですか？

Quel âge avez-vous ?　　あなたは何歳ですか？

De *quelle* couleur est sa voiture ?　　彼の車は何色ですか？

3. 中性代名詞 en・y （2）

① en （2）　　　　　　　　　　　　　　　　　　　⇒ (1) p.27

de + 名詞・不定詞等 に代わる。「人」は受けない。

Vous parlez *de ce film* ?　　　　　→ Oui, nous *en* parlons.

その映画の話をしているのですか？　　　　はい、私たちはその話をしています。

Il vient *de Lyon* ?　　　　　　　　→ Oui, il *en* vient.

彼はリヨンから来たの［リヨンの出身］？　　うん、そこから来た［そこの出身だ］。

② y （2）　　　　　　　　　　　　　　　　　　　⇒ (1) p.33

à + 名詞・不定詞等 に代わる。「人」は受けない。

Tu penses *à ce projet* ?　　　　　→ Non, je n' *y* pense pas.

その計画のことを考えているの？　　　　いや、考えていない。

4. 非人称構文 （2）　　　　　　　　　　　　　　　⇒ (1) p.33

③ falloir　　Il faut 15 minutes à pied.　　　　歩いて15分かかる。

　　　　　　Il faut traverser un pont.　　　　橋を渡らなければならない。

　　　　　　Il ne faut pas fumer ici.　　　　　ここで煙草を吸ってはいけません。

④ その他　　Il est nécessaire de réserver.　　　予約が必要です。

　　　　　　Il vaut mieux rester à la maison.　家にいた方がいいですよ。　(valoir)

Exercices 6

1. 下線部を中性代名詞 en か y に代えて、全文を書き改めなさい。

    1. J'achète deux <u>croissants</u>.

    2. Elles vont <u>à Paris</u>.

    3. Il a besoin <u>de ce plan</u>.

    4. Vous allez renoncer <u>à ce voyage</u> ?

    5. Je n'ai pas <u>de frères</u>.

2. 次の文を①近い未来、②近い過去に書き換えなさい。

    1. Je prends mon petit déjeuner.

        ① ....

        ② ....

    2. Elles louent un vélo.

        ① ....

        ② ....

3. 文意に従って、与えられた単語を並べ替えてフランス語の文をつくりなさい。
   ただし、それぞれ使われない単語が 1 つずつあります。

    1. 10 時の電車に乗らなければならない。

        → Il ....

        de / dix / heures / fait / faut / le train / prendre

    2. 外国語を学ぶのはむずかしい。

        → .... étrangères.

        apprendre / d' / de / des / difficile / est / il / langues

Vocabulaire （観光） 🔘 47

office(*m.*) de tourisme 観光案内所   voyage(*m.*) organisé d'un jour [une demie journée] 1 日 (半日) ツアー   point(*m.*) de rendez-vous 集合場所
guide(*m.*) ガイド、ガイドブック   visite(*f.*) guidée ガイド付き見学
brochure(*f.*) (en japonais) （日本語）パンフレット   plan(*m.*) de la ville 市街図
horaire(*m.*) 時刻表   ouvert(e) 開いている   fermé(e) 閉まっている

Travaux Pratiques 6

1. 音声を聞き、それぞれの文にもっともふさわしい絵を a 〜 d の中から選びなさい。 🎧 48

1. (　　)　　　2. (　　)　　　3. (　　)

　　　　a　　　　　　　　　b　　　　　　　　　c　　　　　　　　　d

2. 音声を聞き、それぞれの問いにもっともふさわしい応答を a, b から選びなさい。 🎧 49

　　1. (　　　　)

　　　　a.　Je suis japonais.

　　　　b.　J'ai dix-neuf ans.

　　2. (　　　　)

　　　　a.　Ce sont des muguets.

　　　　b.　J'aime les roses.

　　3. (　　　　)

　　　　a.　Elle est rouge.

　　　　b.　Elle est grande.

3. 聞こえてくるフランス語の数詞を数字で書きなさい。(61 〜 100) 🎧 50

　　_____　　_____　　_____　　_____　　_____

　　_____　　_____　　_____　　_____

Leçon 7

■ 食料品専門店

▲ パン屋　boulangerie

▲ チーズ屋　fromagerie

▲ チョコレート屋　chocolatier

▲ 魚屋　poissonnerie

▲ 肉屋　boucherie

■ スーパーマーケット　supermarché

▲ エコバック　un sac réutilisable

■ ミネラル・ウォーター eau minérale

日本でもおなじみの銘柄も多いだろう。
〈無炭酸〉non gazeuse
ヴォルヴィック volvic、エヴィアン evian、
ヴィッテル Vittel、コントレックス Contrex など。
〈炭酸〉gazeuse
ペリエ Perrier、バドワ BADOIT など。

■ カシャの泉 source de cachat

レマン湖畔に位置するエヴィアンの源泉。
18 世紀後半、ここの水を飲み続けた、あ
る貴族の持病が癒されたことから、「奇跡
の水」と呼ばれた。

■ 朝市 marché

地区ごとに決まった曜日に朝市がたち、食
料品だけでなく衣料、生活雑貨などを求め
て界隈の人たちがやってくる。

JEU 7

次の店で見つけられないものを 1 つ探してみよう。

□ 〈 CRÉMERIE 〉「乳製品屋」
  1. Yaourt   2. Lait   3. Sucre   4. Camembert

□ 〈 PÂTISSERIE 〉「ケーキ屋」
  1. Mont-blanc   2. Œufs   3. Éclair   4. Chou à la crème

□ 〈 BOULANGERIE 〉「パン屋」
  1. Baguette   2. Croissant   3. Glace vanille   4. Brioche

7

Profil

街歩きで買い物を

Conversation 7

— *Chez l'épicier* — 🔘51

Mariko と Yoko は食料品店に寄って、買物をしています。

Yoko   : Bonjour, monsieur, vous avez de l'eau minérale ?

Un épicier   : Oui, Volvic, Evian, Vittel…

Yoko   : Alors donnez-moi une bouteille d'Evian, s'il vous plaît.

L'épicier   : Et avec ça ?

Yoko   : Euh… je voudrais aussi des oranges.

L'épicier   : Des oranges ?　Vous en voulez combien ?

Yoko   : Six, s'il vous plaît.　Ça fait combien ?

L'épicier   : 4,10 euros, mademoiselle.

---

finir・connaître・attendre の現在形

🔘52

finir 終わる・終える		**connaître** 知っている		**attendre** 待つ	
je	fini*s*	je	connai*s*	j'	attend*s*
tu	fini*s*	tu	connai*s*	tu	attend*s*
il/elle	fini*t*	il/elle	connaî*t*	il/elle	attend
nous	fini*ssons*	nous	connai*ssons*	nous	attend*ons*
vous	fini*ssez*	vous	connai*ssez*	vous	attend*ez*
ils/elles	fini*ssent*	ils/elles	connai*ssent*	ils/elles	attend*ent*

同型活用 choisir, obéir, réussir, *etc.*　apparaître, paraître, *etc.*　entendre, rendre, répondre, *etc.*

🔘53   La classe finit à trois heures.   授業は 3 時に終わります。

        Tu connais cet acteur ?   あの俳優を知ってる？

        Nous attendons l'autobus depuis vingt minutes.

                                   私たちは20分前からバスを待っています。

Grammaire 7

1. 目的補語となる人称代名詞

主語	直接目的	間接目的	主語	直接目的	間接目的
je	me (m')	me (m')	nous	nous	nous
tu	te (t')	te (t')	vous	vous	vous
il	le (l')	lui	ils	les	leur
elle	la (l')	lui	elles	les	leur

母音で始まる語の前では（ ）内の方を用いる。

le, la, les は「人」も「もの」も受け、間接目的補語人称代名詞は à ＋ 人に代わる。

どちらも肯定命令形を除いて 動詞の直前 に置かれる。

Tu connais *M. Martin* ? — Oui, je *le* connais. 「マルタンさんを知ってる？」「うん、知ってるよ。」

Je suis désolé, mais je ne *vous* connais pas. すみませんが、私はあなたを存じ上げません。

Tu téléphones *à Marie* ? 君はマリーに電話するの？ → Tu *lui* téléphones ?

Il *me* prête sa voiture. 彼は私に車を貸してくれる。

補語人称代名詞が２つある場合の語順 ⇒ p.81

2. 命令形

現在形に活用させて主語をとる。

	écouter	**prendre**	**être**	**avoir**
tu	écoute	prends	sois	aie
nous	écoutons	prenons	soyons	ayons
vous	écoutez	prenez	soyez	ayez

-er 型動詞と aller は
tu の活用語尾の s もとる。
être, avoir は特殊形。

Prends le métro. メトロに乗りなさい。

Parlons français en classe. 授業中はフランス語を話しましょう。

N'*ayez* pas peur. 心配しないでください。

3. 命令文での補語人称代名詞・中性代名詞の位置

肯定命令形は、補語人称代名詞・中性代名詞を 動詞の後 に置き、ハイフンで結ぶ。

その時、me, te はそれぞれ moi, toi に変わる。

Écoutez *ces chansons.* これらの歌を聞いてください。 → Écoutez-*les.*

Donnez-*moi* une baguette, s'il vous plaît. バゲットを１本ください。

Allez *chez elle* tout de suite. すぐに彼女の家に行ってください。 → Allez-*y* tout de suite.

否定命令形は原則通り動詞の前

Ne parlez pas *de cette affaire.* その件については話さないでください。 → N'*en* parlez pas.

Exercices 7

1. 下線部を適当な目的補語人称代名詞に代えて、全文を書き改めなさい。

    1. Je finis <u>ce travail</u> à midi.   →

    2. Tu ne ressembles pas <u>à tes sœurs</u>.   →

    3. Répondez <u>à Pierre</u> tout de suite.   →

    4. Elle prend <u>ces chaussures</u>.   →

    5. Nous allons chercher <u>Antoinette</u> à la gare.

       →

2. 次の文を命令文に書き改めなさい。

    1. Tu finis tes devoirs avant le dîner.   →

    2. Nous chantons ensemble.   →

    3. Vous m'attendez à la gare.   →

    4. Vous êtes gentils avec tout le monde. →

3. 文意に従って、与えられた単語を並べ替えてフランス語の文をつくりなさい。
   ただし、それぞれ使われない単語が1つずつあります。

    1. あなたのご家族の写真を見せてください。

    → .... – .... famille.

      de / les / me / moi / montrez / photos / votre

    2. 私は今彼女に電話したところです。

    → ....

      de / elle / je / lui / téléphoner / viens

Vocabulaire （食料品） 54

pain(*m.*) au chocolat チョコレートパン   pain(*m.*) aux raisins レーズンパン
millefeuille(*m.*) ミルフィーユ   macaron(*m.*) マカロン   canelé(*m.*) カヌレ
cerise(*f.*) サクランボ   fraise(*f.*) イチゴ   pomme(*f.*) リンゴ
saucisson(*m.*) sec サラミソーセージ   pâté(*m.*) de campagne 田舎風パテ
beurre(*m.*) バター   confiture(*f.*) ジャム

Travaux Pratiques 7

1. 音声を聞き、読まれた文にふさわしい絵を a, b から選びなさい。 💿 55

    1.（   ）   a   b

    2.（   ）   a   b

    3.（   ）   a   b

2. 音声を聞き、それぞれの問いにもっともふさわしい応答を a, b から選びなさい。 💿 56

    1.（   ）   2.（   ）

        a.   Oui, je l'achète.   a.   Non, je ne leur obéis pas.

        b.   Oui, j'en achète.   b.   Non, je n'y obéis pas.

3. 音声を聞き、（   ）内に数字を書き入れなさい。(61 〜 100) 💿 57

    1. À la page (   ).

    2. Ça fait 7 euros (   ), monsieur.

    3. Mon grand-père a (   ) ans.

    4. Ma grand-mère a (   ) ans.

    5. Mon numéro de téléphone, c'est le 01. 45. 68. 19. (   ).

Leçon 8

AU RESTAURANT

Hors - d'Œuvre

	€		€
Oeuf dur mayonnaise	6,00	✳ Gratinée Balzar (le soir seulement)	9,00
Potage du jour "maison"	7,00	Crottin Chaud en salade	10,00
Poireaux vinaigrette	7,00	6 escargots de Bourgogne extras gros	10,20
✳ Museau de boeuf	6,80	Jambon San Daniele	12,00
✳ Salade de mâche-betterave	7,00	Salade Balzar	17,00
Filet de hareng pommes à l'huile	7,60	Salade de Haricots verts frais	8,00
Cervelas de porc rémoulade	7,60	✳ Foie gras de canard "maison"	17,00
Hareng de la Baltique	7,90	Saumon fumé irlandais	18,00
✳ Salade de mâche au magret d'oie	9,00	Terrine de volaille aux morilles	10,00
Sardine à l'huile		6 Huitres fines de claires n°2	16,80
de chez Rödel millésimées 2003	10,50	6 Huitres spéciales n°3	
Assiette Nordique	17,00	de chez "Gillardeau"	19,20
(Saumon fumé, flétan, espadon, maquereau au poivre)			

Poissons

	€		€
✳ Saumon d'Ecosse grillé	19,70	Raie au beurre fondu	21,50
Daurade royale entière	20,50	Belle sole meunière (env. 360g)	36,00

Le mardi : Joue de bœuf braisée aux carottes 17,00	Le mercredi : Tête de veau 19,00	Le jeudi : Cassoulet maison 18,50
	Le vendredi : Brandade de morue 18,00	Le samedi : Bœuf gros sel 18,50

Viandes

	€		€
Pied de porc pané "Hardouin"	14,50	✳ Coeur de rumsteck grillé	18,50
Andouillette AAAAA	15,00	Foie de veau poêlé	20,50
Jarret, pommes à l'huile, ou choucroute	15,50	Pavé de bœuf au poivre	19,00
✳ Steak tartare du Limousin	16,50	Gigot d'agneau fermier du Quercy rôti	21,50
(frites fraîches et salade)		Côtes d'agneau grillées	26,50
✳ Choucroute garnie	18,00	Entrecôte charolaise (env. 350gr)	34,00
✳ Poulet fermier rôti	17,50	Châteaubriand béarnaise (env. 220gr)	30,50
Pavé de veau fermier	19,00		

🔲 メニュー

日本で言う「メニュー」はカルト carte で、大別してア・ラ・カルト À la carte とムニュ Menu に分かれている。前者は自分の好みで自由に選ぶのに対して、後者はいわゆるコース料理。他に日替わり料理 Plat du jour、シェフのおすすめ料理 Spécialités なども ある。

🔲 レストランとビストロ

前菜、メイン、デザートときちんとした食事をとれるのがレストラン。ビストロでも食事はできるが、居酒屋的な要素がより強く、庶民的な雰囲気で、料金も手ごろな店が多い。

🧀 チーズ

フランス人の食卓に欠かせないのがチーズ。ナチュラルチーズが中心で、原料は牛、羊、山羊などの乳が使われる。地方ごとに実に多彩な種類がある。

LES FROMAGES DE VACHES
Maison Androuët

🍷 ワイン

ワインには赤 vin rouge、白 vin blanc、ロゼ vin rosé の 3 種類がある。代表的な産地としてはボルドー、ブルゴーニュ、アルザスなどが有名で、ボトルの形からも区別がつく。ボルドーはいかり肩、ブルゴーニュはなで肩、アルザスはより細身。

🐌 エスカルゴ

エスカルゴ（かたつむり）を食べるといっても、もちろん食用のものに限られる。代表的な料理法はブルゴーニュ風の殻焼き。

JEU 8

a. ～ d. を並び換えてコース料理を完成させてみよう。

□（　　）→（　　）→（　　）→（　　）

a. Plateau de fromages（チーズの盛り合わせ）
b. Canard à l'orange（鴨のオレンジソースかけ）
c. Crème Caramel（プリン）
d. Huîtres（生ガキ）

▲ ミシュラン・ガイド

8
Profil

ボナペティ！

Conversation 8

— *Au restaurant* — 🎧 58

Mariko と Yoko は Jean に案内されて、あるレストランへやって来ました。

Jean	:	Vous choisissez la carte ou le menu ?
Mariko	:	Je choisis le menu à 35 euros.
Yoko	:	Moi aussi.　J'aime la terrine de canard.
Mariko	:	Moi, je vais prendre des escargots de Bourgogne.
		Et qu'est-ce que tu nous recommandes comme viande ?
Jean	:	La côte d'agneau, c'est excellent.
Mariko	:	Alors, je vais la prendre.
Yoko	:	Moi, je préfère le poisson.　Je prends une sole meunière.
Jean	:	Bon.　Et qu'est-ce que vous prenez comme boisson ?
Mariko	:	Je voudrais boire du vin rosé.

pouvoir・devoir・voir の現在形

 59

pouvoir 〜できる		devoir 〜しなければならない		voir 見える・会う	
je	peux	je	dois	je	vois
tu	peux	tu	dois	tu	vois
il/elle	peut	il/elle	doit	il/elle	voit
nous	pouvons	nous	devons	nous	voyons
vous	pouvez	vous	devez	vous	voyez
ils/elles	peuvent	ils/elles	doivent	ils/elles	voient

🎧 60
Je peux l'essayer, cette robe ?	このワンピースを試着できますか？
Elles ne peuvent pas sortir ce soir.	彼女たちは今晩は外出できません。
Tu dois rentrer avant le dîner.	夕食までに帰って来なければいけないよ。
Nous voyons le mont Fuji d'ici.	ここから富士山が見える。

Grammaire 8

1. 疑問代名詞

	主語	属詞	直接目的	間接目的・状況補語
人 （誰）	qui qui est-ce qui	qui ＋倒置	qui ＋倒置 qui est-ce que	前置詞＋ qui
もの （何）	qu'est-ce qui	qu'est-ce que	que ＋倒置 qu'est-ce que	前置詞＋ quoi

Qui (est-ce qui) fait ce travail ?　　　　　　　　誰がその仕事をするのですか？

Qu'est-ce qui se passe ?　　　　　　　　　　　　何があったのですか？

Qui est cette jeune fille ?　　　　　　　　　　　あの娘さんは誰ですか？

Qu'est-ce que c'est ?　　　　　　　　　　　　　　これは何ですか？

Qui cherches-tu ? (= *Qui est-ce que* tu cherches ?)　誰を探しているの？

Que cherches-tu ? (= *Qu'est-ce que* tu cherches ?)　何を探しているの？

Avec *qui* travaille-t-il ?　　　　　　　　　　　　彼は誰と一緒に働いているのですか？

De *quoi* parlez-vous ?　　　　　　　　　　　　　　何の話をしているのですか？

2. 疑問副詞

quand いつ	où どこ	pourquoi なぜ	comment どのように、どのような	combien いくつ、いくら

Quand partez-vous ?　　　　　　　　　　　— Nous partons demain matin.

　「あなたたちはいつ出発するのですか？」　　　　「私たちは明日の朝出発します。」

Où va-t-il ?　　　　　　　　　　　　　　　— Il va chez le dentiste.

　「彼はどこへ行くのですか？」　　　　　　　　「歯医者に行きます。」

Pourquoi est-elle absente ?　　　　　　　　— *Parce qu'*elle est malade.

　「なぜ彼女は欠席しているのですか？」　　　　「病気だからです。」

Comment vas-tu à l'université ?　　　　　　— J'y vais en train.

　「どうやって大学へ行くの？」　　　　　　　　「電車で行くよ。」

Combien de frères avez-vous ?　　　　　　　— J'en ai deux.

　「ご兄弟は何人ですか？」　　　　　　　　　　「二人います。」

Exercices 8

1. (　　　) 内に適切な疑問代名詞を入れなさい。

    1. (　　　　　　　　) joue du piano ?　— C'est moi.

    2. (　　　　　　　　) est-ce ?　— C'est mon père.

    3. (　　　　　　　　) vous faites dans la vie ?　— Je suis fonctionnaire.

    4. (　　　　　　　　) elle cherche ?　— Elle cherche son portefeuille.

    5. De (　　　　　　) parlent-ils ?　— Ils parlent du match de ce soir.

    6. À (　　　　　　) donne-t-il ces fleurs ?　— Il les donne à Nicole.

2. (　　　) 内に下の語群からもっともふさわしいものを選んで入れなさい。
ただし、それぞれ 1 度しか使えません。

    1. Je vous dois (　　　　　　　) ?　— 13 euros 70, mademoiselle.

    2. (　　　　　　　) il y a dans la boîte ?　— Il n'y a rien.

    3. (　　　　　　　) attend-elle ?　— Elle attend son fiancé.

    4. À (　　　　　　) penses-tu ?　— Je pense à mes examens.

    5. À (　　　　　　) heure finit le film ?　— À dix-sept heures trente.

    6. (　　　　　　　) apprenez-vous le français ?　— Parce que je voudrais aller à Paris.

    7. Depuis (　　　　　　) êtes-vous à Paris ?　— Depuis six jours.

> **combien** / **pourquoi** / **quand** / **quelle** / **qu'est-ce qu'** / **qui** / **quoi**

3. 文意に従って、与えられた単語を並べ替えてフランス語の文をつくりなさい。
ただし、それぞれ使われない単語が 1 つずつあります。

    1. 私たちはその問題についてよく考えなければいけない。

    → .... problème.

      à / **bien** / **ce** / **de** / **devons** / **nous** / **réfléchir**

    2. 「何が見えますか?」「エッフェル塔が見えます。」

    → .... ?　— ....

      je / **la tour Eiffel** / **qu'est-ce que** / **que** / **vois** / **vous** / **voyez**

Vocabulaire （レストラン） 🔘61

entrée(*f.*) 前菜　　dessert(*m.*) デザート　　salade(*f.*) サラダ　　soupe(*f.*) スープ
saumon(*m.*) 鮭　　sole(*f.*) 舌平目　　moule(*f.*) ムール貝　　bœuf(*m.*) 牛　　porc(*m.*) 豚
poulet(*m.*) 鶏　　carafe(*f.*) 水差し、デカンタ　　verre(*m.*) グラス、コップ

Travaux Pratiques 8

1. 音声を聞き、それぞれの文にもっともふさわしい絵を a 〜 d の中から選びなさい。 🔊62

1. (　　)　　　2. (　　)　　　3. (　　)

a　　　　　　　　b　　　　　　　　c　　　　　　　　d

2. 音声を聞き、それぞれの問いにもっともふさわしい応答を a, b から選びなさい。 🔊63

1. (　　　　)

    a.　Ce sont ses parents.

    b.　Ce sont des oranges.

2. (　　　　)

    a.　Parce qu'elle est occupée.

    b.　Non, elle n'est pas là.

3. (　　　　)

    a.　Elle cherche son fiancé.

    b.　Elle cherche son portefeuille.

3. 音声を聞き、(　　) 内に数字を書き入れなさい。 (1 〜 99) 🔊64

1. Mon anniversaire, c'est le (　　　　) septembre.

2. Ma mère a (　　　　) ans.

3. Ça fait (　　　　) euros (　　　　), monsieur.

4. Donnez-moi (　　　　) croissants, s'il vous plaît.

LA VISITE DU MUSÉE DU LOUVRE

Leçon 9

■ パリの美術館

▶ **le musée du Louvre**

宮殿の重厚な建物とガラスのピラ
ミッドが鮮やかなコントラストを
なすルーヴル美術館は、古代から
近代までの美の殿堂。

▲ **le musée d'Orsay**

使わなくなった駅舎を美術館として復活させ
たオルセー美術館では、印象派を中心とした
19 世紀絵画を満喫できる。

◀ **Centre Georges Pompidou**

国立近代美術館が入っているポンピ
ドゥー・センターは、最先端の総合芸術
文化センターとして機能している。

◀ **le musée de l'Orangerie**
もとはテュイルリー宮殿のオレンジ温室だったオランジュリーは、モネの『睡蓮』を収めるために、美術館に改修された。

▶ **ルイ・ヴィトン財団美術館 Fondation Louis Vuitton**
現代アートを広める目的で、高級ブランドで知られるルイ・ヴィトン財団によって、2014年に開館。
パリ西部に位置するブローニュの森の中、「帆船」のような斬新なデザインの建物自体が展示物と言える。

■ **パリ・ミュージアム・パス**
パリとその近郊にある約70の美術館、博物館、モニュメントに入れる。
美術館は日曜日は開いているのが原則で、月曜または火曜に閉館のところが多い。

JEU 9 VRAI OU FAUX ?

1.～4.の絵の『作品名』・〈作者名〉・（所蔵美術館）を結びつけてみよう。

1. 『　　　』〈　　　〉（　　　）

2. 『　　　』〈　　　〉（　　　）

3. 『　　　』〈　　　〉（　　　）

4. 『　　　』〈　　　〉（　　　）

『作品名』
　a. Bal du Moulin de la Galette
　　『ムーラン・ドゥ・ラ・ギャレットの舞踏会』
　c. Les Nymphéas『睡蓮』

　b. Monna Lisa (La Joconde)
　　『モナ・リザ』
　d. Le Cirque『サーカス』

〈作者名〉
　e. マチス Henri Matisse (1869-1954)
　g. ダ・ヴィンチ Léonard de Vinci (1452-1519)

　f. ルノワール Auguste Renoir (1841-1919)
　h. モネ Claude Monet (1840-1926)

（所蔵美術館）
　i. Louvre
　k. Centre Pompidou

　j. Orangerie
　l. Orsay

9

Profil

モナ・リザに会う

Conversation 9

— *La visite du musée du Louvre* — 🔘 65

３人は食事をしながら、その日の出来事について話し合っています。

Mariko   : Nous avons visité le musée du Louvre cet après-midi.

Jean   : Qu'est-ce que vous avez vu au Louvre ?

Yoko   : Nous avons vu "la Vénus de Milo"…
               Surtout, j'ai beaucoup aimé "la Victoire de Samothrace".

Mariko   : Moi, "la Joconde"!

Jean   : Ces œuvres sont connues de tout le monde.
               Elles sont appelées les trois grandes dames du Louvre.

Mariko   : Ce musée a une merveilleuse collection.
               J'ai acheté un joli livre du Louvre.

Jean   : Et toi, Yoko, tu as acheté quelque chose ?

Yoko   : Moi, des cartes postales pour les envoyer à mes amis.
               J'ai beaucoup de choses à leur écrire.

---

finir・aller の複合過去形

🔘 66

finir				aller				
j'	ai fini	nous	avons fini	je	suis allé(e)	nous	sommes	allé(e)s
tu	as fini	vous	avez fini	tu	es allé(e)	vous	êtes	allé(e)(s)
il	a fini	ils	ont fini	il	est allé	ils	sont	allés
elle	a fini	elles	ont fini	elle	est allée	elles	sont	allées

Grammaire 9

1. 過去分詞

① -er 動詞すべて　→ -é : donner → *donné*, acheter → *acheté*, aller → *allé*

② -ir 動詞の多く　→ -i : finir → *fini*, partir → *parti*, dormir → *dormi*

③ その他 : avoir → *eu*, être → été, faire → *fait*, prendre → *pris*, venir → *venu*, connaître → *connu*, attendre → *attendu*, vouloir → *voulu*, pouvoir → *pu* ouvrir → *ouvert*, offrir → *offert*, voir → *vu, etc.*

2. 複合過去形　avoir / être の現在形＋過去分詞

ほとんどの動詞は avoir を助動詞とし、一部の自動詞のみが être を助動詞とする。

être を助動詞とする主な自動詞（[　] 内は過去分詞）

aller [allé],	venir [venu],	arriver [arrivé],	partir [parti],
entrer [entré],	sortir [sorti],	monter [monté],	descendre [descendu],
naître [né],	mourir [mort],	rentrer [rentré],	devenir [devenu],　*etc.*

助動詞が être の時は過去分詞は常に主語に一致する。　　　　過去分詞の性・数一致 ⇒ p.81

過去のある時点で 完了した動作やその結果である現在の状態、あるいは過去の経験 等を表す。

J'*ai téléphoné* à Paul hier.	私は昨日ポールに電話しました。
Tu *as* déjà *fini* tes devoirs ?	もう宿題は終わったの？
Il *est monté* par l'escalier.	彼は階段で上った。
Paul *n'est pas venu*.	ポールは来なかった［来ていない］。
Avez-vous *été* en France ?	フランスへ行ったことはありますか？

3. 受動態　être ＋過去分詞＋ par / de ～　　過去分詞は常に主語に性・数一致する。

Pierre invite Claude à dîner.　→　Claude *est invité* à dîner *par* Pierre.

　　ピエールはクロードを夕食に招く。　　　　クロードはピエールに夕食に招かれる。

動詞が感情や状態を表すときは、par ではなく de を用いる。

Cette actrice *est adorée de* tout le monde.　　この女優はみんなに熱愛されている。

受動態の複合過去形 ⇒ p.81

Exercices 9

1. (　　　) 内の不定詞を複合過去形に活用させなさい。

  1. Quand est-ce que vous (déménager → 　　　　　　　　　　　)?

  2. Ce matin, il y (avoir → 　　　　　　　) un incendie dans mon quartier.

  3. Nous (manger trop → 　　　　　　　) hier.

  4. Tu (ne pas encore finir → 　　　　　　　　　) tes devoirs ?

  5. Ma grand-mère (naître → 　　　　　　　) en 1920.

  6. Ils (venir → 　　　　　　) chez moi la semaine dernière.

  7. J' (prendre → 　　　　　　) beaucoup de photos à Paris.

2. 次の文の態を変えなさい。

  1. Je change ce projet. →

  2. Mes enfants aiment beaucoup ce film. →

  3. Paul offre ces fleurs à Hélène. →

offrir 18

3. 文意に従って、与えられた単語を並べ替えてフランス語の文をつくりなさい。
  ただし、それぞれ使われない単語が1つずつあります。

  1. その映画はもう見ました。

    → ....

    ce / déjà / film / j'ai / je suis / vu

  2. これらの鳥は法律で保護されています。

    → ....

    ces / de / sont / la loi / oiseaux / par / protégés

Vocabulaire （街中①） 🄯 67

tableau(*m.*) 絵画作品　　sculpture(*f.*) 彫刻　　salle(*f.*) 展示室
catalogue(*m.*) de l'exposition 図録　　guide(*m.*) audio 音声ガイド
boutique(*f.*) 店、ブティック　　kiosque(*m.*) キオスク　　librairie(*f.*) 本屋
banque(*f.*) 銀行　　pharmacie(*f.*) 薬局　　hôpital(*m.*) 病院

Travaux Pratiques 9

1. 音声を聞き、それぞれの文にもっともふさわしい絵を a ～ d の中から選びなさい。 🎧 68

1. (　　)　　　2. (　　)　　　3. (　　)

a　　　　　　　b　　　　　　　c　　　　　　　d

2. 音声を聞き、読まれた文にふさわしい絵を a, b から選びなさい。 🎧 69

1. (　　)　　　　　　　　　　　a　　　　　　　b

2. (　　)　　　　　　　　　　　a　　　　　　　b

3. 音声を聞き、(　　) 内に数字を書き入れなさい。(1 ～ 99) 🎧 70

1. Nous partons à (　　　) heures.

2. Ça coûte (　　　) euros.

3. Nous sommes le (　　　) décembre.

4. Il y a (　　　) kilomètres entre ces deux villes.

5. Je prends le bus (　　　).

Leçon 10

◾ パサージュ

ガラス屋根で覆われた商店街は、その多くが 19 世紀に起源をもつ。レトロとモダンが調和する不思議な空間だ。

▲ **BEAUGRENELLE**
エッフェル塔近くにあるパリ最大級のショッピングモール

▲ **UNIQLO** オペラ座を正面に臨むユニクロ・オペラ店

▲ **MUJI** パリに 8 店舗を構える

■ デパート

右岸のオ・プランタン AU PRINTEMPS、ギャルリー・ラファイエット GALERIE LAFAYETTE、左岸のオ・ボン・マルシェ AU BON MARCHÉ などがある。
日本でいう1階は地上階 Rez-de-chaussée（略して RC）、2階は1階 Premier étage と呼ぶ。なお地下は Sous-sol (SS)。

▼ **AU PRINTEMPS**

▼ **GALERIE LAFAYETTE**

▲ **BON MARCHÉ** 内

▲ クリスマスシーズンの飾り付け

■ 免税

外国人が同一店で一日に総額 175 ユーロ以上の買い物をすると、免税措置を受けられる。

JEU 10 　VRAI OU FAUX ?

次の文が正しいと思えば VRAI、間違っていると思えば FAUX に印をつけなさい。

1. どんな店でも品物を自由に手にとって見ることができる。　< VRAI / FAUX >

2. 19世紀半ばのパリで、世界で初めてのデパートが誕生した。< VRAI / FAUX >

3. 無印良品はユニクロよりも早くパリに進出した。　　　　< VRAI / FAUX >

Conversation 10

— *Dans une boutique* — 🔘71

Mariko と Yoko はあるお店に入りました。

Une vendeuse : Bonjour, mesdemoiselles. Je peux vous aider ?

Mariko : Je voudrais acheter un sac.

La vendeuse : Voilà. Ces sacs se vendent bien cet été.

Mariko : Euh… Ce sac-ci est moins cher et plus chic, mais j'aime mieux la couleur de celui-là… Bon, je prends celui-là.

La vendeuse : Merci beaucoup. Il va très bien avec vos chaussures.

Mariko : On peut payer par carte ?

La vendeuse : Bien sûr. La caisse est là-bas.

Yoko : Maintenant, voulez-vous me montrer des foulards ?

代名動詞の現在形・命令形

🔘72 **se promener** 散歩する	**s'appeler** 〜という名前である	**se dépêcher** 急ぐ
je me promène	je m'appelle	肯定命令形
tu te promènes	tu t'appelles	Dépêche-toi.
il/elle se promène	il/elle s'appelle	
nous nous promenons	nous nous appelons	Dépêchons-nous.
vous vous promenez	vous vous appelez	Dépêchez-vous.
🔘73 ils/elles se promènent	ils/elles s'appellent	

Je me lave les mains.　　　　　　　　　私は手を洗う。　　　　　　　　　(se laver)
Elles se téléphonent tous les soirs.　　彼女たちは毎晩電話をかけあっている。(se téléphoner)
Ses romans se vendent bien.　　　　　　彼の小説はよく売れています。　　　(se vendre)
Je ne me souviens plus de son nom.　もう彼の名前を思い出せない。　　　(se souvenir)

-er動詞の変則形 ⇒ p.26　　　代名動詞の用法 ⇒ p.82　　　代名動詞の複合過去形 ⇒ p.82

Grammaire 10

1. 比較級・最上級

① 形容詞・副詞の比較級   plus / aussi / moins + 形容詞・副詞 + que + 比較の対象

Marie est *plus* grande *que* Louise.   マリーはルイーズより背が高い。

Louise est *aussi* grande *que* moi.   ルイーズと私は同じくらいの背の高さだ。

Je suis *moins* grande *que* Marie.   私はマリーより背が低い。

Paul nage *plus* vite *que* Jean.   ポールはジャンより速く泳ぐ。

② 形容詞・副詞の最上級

le [la, les] plus / le [la, les] moins +形容詞+ de

le plus / le moins +副詞+ de

Tokyo est *la plus grande* ville *du* Japon.   東京は日本最大の都市だ。

Elle court *le moins vite de* la classe.   彼女はクラスで一番足が遅い。   courir [14]

③ 特殊な比較級・最上級

~~plus bon(ne)(s)~~ → meilleur(e)(s)   ~~plus bien~~ → mieux

~~le [la, les] plus bon(ne)(s)~~ → le [la, les] meilleur(e)(s)   ~~le plus bien~~ → le mieux

C'est *le meilleur* hôtel *de* cette ville.   これはこの町で一番いいホテルです。

Marie chante *mieux que* sa sœur.   マリーは妹より歌が上手だ。

2. 性・数のある指示代名詞 （これ、あれ、それ）

	単数	複数
男性	celui	ceux
女性	celle	celles

既出の名詞を受け、その性・数に従って変化する。

既出の名詞を受けない時は「人」を表す。

単独では用いられず、de +名詞、関係代名詞、-ci, -là 等を伴う。

Il y a un livre sur la table. C'est *celui de* Paul.   テーブルの上に本があります。ポールの本です。

Ces chaussures-ci sont moins chères que *celles-là*.   この靴の方があっちより安い。

Exercices 10

1. (　　　　) 内の不定詞を現在形に活用させなさい。

    1. Sophie (se promener →   ) dans ce jardin tous les matins.

    2. D'habitude, je (se coucher →   ) à minuit.

    3. Nous (s'amuser →   ) avec notre chien.

    4. Tu (se lever →   ) à quelle heure ?

    5. Ce mot (se prononcer →   ) comment ?

    6. Vous (se laver →   ) les mains avant le repas ?

    7. Au Japon, on (se servir →   ) des baguettes pour manger.

2. 文意に従って、(　　　　) 内に適当な比較級・最上級の表現を入れなさい。

    1. Le Soleil est (　　　　) grand que la Terre.

    2. La tour Eiffel est (　　　　) récente que la tour de Tokyo.

    3. Le judo est (　　　　) populaire en France qu'au Japon.

    4. La Loire est (　　　　) long fleuve de France.

3. 文意に従って、与えられた単語を並べ替えてフランス語の文をつくりなさい。
ただし、それぞれ使われない単語が1つずつあります。

    1. どうぞお座りください。

    → .... – ...., ...

        asseyez / asseyons / plaît / s'il / vous / vous

    2. このタルトはあっちのよりおいしい。

    → Cette tarte ....

        celle / - ci / est / - là / meilleure / mieux / que

Vocabulaire （洋服） 🔘74

vitrine(*f.*) ショーウインドー　　chapeau(*m.*) 帽子　　manteau(*m.*) コート
veste(*f.*) 上着　　jupe(*f.*) スカート　　pantalon(*m.*) ズボン
robe(*f.*) ワンピース　　pull(*m.*) セーター　　chemise(*f.*) ワイシャツ
chemisier(*m.*) ブラウス　　cravate(*f.*) ネクタイ

Travaux Pratiques 10

1. 音声を聞き、それぞれの文にもっともふさわしい絵を a ～ d の中から選びなさい。 🎧 **75**

(1)　1. (　　)　　2. (　　)　　3. (　　)

　　　　a　　　　　　　　b　　　　　　　　c　　　　　　　　d

(2)　1. (　　)　　2. (　　)　　3. (　　)

　　　　a　　　　　　　　b　　　　　　　　c　　　　　　　　d

2. 音声を聞き、それぞれの問いにもっともふさわしい応答を a, b から選びなさい。 🎧 **76**

1. (　　　　)

　　a.　Non, c'est celui de Nicole.　　　b.　Non, c'est celle de Nicole.

2. (　　　　)

　　a.　Je vais bien, merci.　　　b.　Je m'appelle Jean Dupont.

3. 音声を聞き、(　　) 内に数字を書き入れなさい。 (1 ～ 99) 🎧 **77**

1. Ma tante va avoir (　　　　) ans.

2. Le film commence à (　　　　) heures (　　　　).

3. Il faut (　　　　) minutes à pied.

4. Cette valise fait (　　　　) kilos.

5. Mon numéro de téléphone, c'est le 01 29 (　　　　) 31 (　　　　).

Leçon 11

■ バトー・ムーシュ

▲ 乗り場

▲ バトー・ムーシュ：セーヌ河クルーズでパリ
の別の表情に触れられる。所要時間は約1時間。食事
付きコースもある。

▲ アレクサンドルⅢ世橋：パリ市内を流れるセーヌ河
には40近い橋が架かってい
る。その中でもひと際豪華
な装飾を誇る。

▲ コンシエルジュリー：フランス革命期には多くの王侯貴
族が収容され、「ギロチンの控えの間」
と呼ばれた。

■ コンシエルジュリー内部

◀ 囚人たちの礼拝堂

マリー＝アントワネットの
イニシャルのステンドグラス

収監時の
マリー＝アントワネット肖像画 ▶

■ サント・シャペル

▲ 「聖なる礼拝堂」という意味だが、かつてパリ裁判所付属の牢獄だった。

■ ノートルダム大聖堂

▲ セーヌ側からの眺め

▲ バラ窓

JEU 11

表紙裏のパリの地図を見ながら次の質問に答えてみよう。

1. 左岸にあるのはどちら
   a. Louvre
   b. Tour Eiffel

2. 宿泊できないのはどちら
   a. Hôtel de ville
   b. Hôtel de Crillon

3. 車が通れないのはどちら
   a. Pont des Arts
   b. Pont Neuf

4. シテ島にあるのはどちら
   a. Notre-Dame
   b. Statue de la Liberté

11

Profil

セーヌ、水上散歩

Conversation 11

— *La promenade sur la Seine* — 🎵78

Mariko と Yoko はバトー・ムーシュに乗って、Jean の説明を聞いています。

Yoko : Il est agréable de se promener en bateau.

Jean : C'est vrai... Ah voici le pont Alexandre III, qui est un des plus beaux ponts de la Seine. Et puis le pont de la Concorde.
On l'appelait autrefois le pont Louis XVI.....

Mariko : Regardez à gauche. C'est la Sainte Chapelle ?
Ses vitraux sont très célèbres, n'est-ce pas ?

Jean : Oui, tu connais bien ! Et à côté, il y a la Conciergerie où était enfermée Marie-Antoinette...
Maintenant nous nous approchons de Notre-Dame.

Yoko : Que c'est beau !

Mariko : Oui. D'ici, Notre-Dame est magnifique.

半過去形の活用			

🎵79

avoir		être		chanter		faire	
j'	av*ais*	j'	ét*ais*	je	chant*ais*	je	fais*ais*
tu	av*ais*	tu	ét*ais*	tu	chant*ais*	tu	fais*ais*
il/elle	av*ait*	il/elle	ét*ait*	il/elle	chant*ait*	il/elle	fais*ait*
nous	av*ions*	nous	ét*ions*	nous	chant*ions*	nous	fais*ions*
vous	av*iez*	vous	ét*iez*	vous	chant*iez*	vous	fais*iez*
ils/elles	av*aient*	ils/elles	ét*aient*	ils/elles	chant*aient*	ils/elles	fais*aient*

Grammaire 11

1. 半過去形

語尾は全動詞共通、語幹は現在形の nous の活用語尾の ons をとる（être は例外）。

avoir, être, chanter, faire の半過去形 ⇒ p.68

過去において継続している動作、状態、あるいは過去の習慣等を表す。

Pendant que nous *regardions* la télé, il *travaillait*. 私たちがテレビを見ている間、彼は勉強していた。

Quand je suis parti, il *pleuvait*. 私が出発した時、雨が降っていた。

Il y *avait* beaucoup de monde dans le jardin. 公園にはたくさんの人がいました。

Hier, c'*était* mon anniversaire. 昨日は私の誕生日でした。

En ce temps-là, j'*allais* au cinéma presque tous les jours.

その頃、私はほとんど毎日のように映画を見に行っていました。

2. 関係代名詞　qui, que, où, dont

qui は関係節の主語 となる。先行詞は「人」「もの」どちらでもよい。

Le garçon *qui* joue avec Nicolas est mon frère. ニコラと遊んでいる男の子は私の弟です。

Je prends l'avion *qui* part à onze heures. 私は 11 時発の飛行機に乗る。

que は関係節の直接目的補語 となる。先行詞は「人」「もの」どちらでもよい。

Le train *qu*'elle prend est le TGV. 彼女が乗る電車は TGV です。

Voilà les livres *que* j'ai achetés hier. ほら、これが昨日買った本だよ。

＊ que の後ろの動詞が複合過去形の時は過去分詞は先行詞に性数一致する。

過去分詞の性・数一致 ⇒ p.81

où は時や場所を表す状況補語 に代わる。

Je passe mes vacances à Nice *où* habitent mes parents.

私は両親が住むニースでヴァカンスを過ごす。

Ils vont à la piscine les jours *où* il fait très chaud. とても暑い日には彼らはプールに行く。

dont は前置詞 de を含む関係代名詞 で、先行詞は「人」「もの」どちらでもよい。

Elle a un fils *dont* le nom est Paul. 彼女にはポールという名前の息子がいます。

C'est le livre *dont* je parle. それは私が話している本です。

Il promène son chien *dont* il est fier. 彼は自慢の犬を散歩させている。

Exercices 11

1. 文意に従って、（　　　）内の不定詞を複合過去形か半過去形に活用させなさい。

   1. 私が彼女に電話した時、彼女は昼食中だった。

      Quand je lui (téléphoner →　　　　　　　　　　　),

      elle (prendre →　　　　　　　　　　) le déjeuner.

   2. 6歳の時、私は初めて海を見ました。

      Lorsque j'(avoir →　　　　　　　　) six ans, j' (voir →　　　　　　)

      la mer pour la première fois.

   3. パリにいた時、私たちは土曜日にはコンサートへ行ったものです。

      Quand nous (être →　　　　　　　　) à Paris,

      nous (aller →　　　　　　　　　) au concert le samedi.

   4. 彼は受け取ったばかりの手紙を私に見せた。

      Il m' (montrer →　　　　　　　) la lettre qu'il (venir →　　　　　　　) de recevoir.

2. （　　　）内に適当な関係代名詞を入れなさい。

   1. Elle parle souvent de son fils (　　　　　　　) est maintenant en Allemagne.

   2. Voilà le dictionnaire (　　　　　　　) tu as besoin.

   3. Tu te souviens de ce village (　　　　　　　) tu as passé ton enfance ?

   4. Le TGV (　　　　　　) nous allons prendre est en retard.

   5. Il faisait très froid le jour (　　　　　　) il a quitté le Japon.

3. 文意に従って、与えられた単語を並べ替えてフランス語の文をつくりなさい。
　ただし、それぞれ使われない単語が1つずつあります。

   1. 湖のほとりに古いお城がありました。

     → .... lac.

      a eu / au bord du / avait / château / il / un / vieux / y

   2. 彼女たちが訪れた町には、名物がたくさんあります。

     → La ville .... spécialités.

      a / beaucoup / de / elles / ont / où / qu' / visitée

Vocabulaire （街中②）💿80

avenue(*f.*) （並木のある）大通り　　boulevard(*m.*) 環状大通り　　rue(*f.*) 通り　　place(*f.*) 広場

feu(*m.*) 信号　　trottoir(*m.*) 歩道　　rivière(*f.*) 川　　jardin(*m.*) 庭園、庭　　parc(*m.*) 公園

église(*f.*) 教会　　mairie(*f.*) 市[区]役所　　école(*f.*) （小）学校

Travaux Pratiques 11

1. 音声を聞き、それぞれの文にもっともふさわしい絵を a～d の中から選びなさい。 🔊 81

    1. (　　)　　　　2. (　　)　　　　3. (　　)

    a　　　　　　　　b　　　　　　　　c　　　　　　　　d

2. 音声を聞き、それぞれの問いにもっともふさわしい応答を a, b から選びなさい。 🔊 82

    1. (　　　)

        a.　Il est étudiant.

        b.　Il pleut.

    2. (　　　)

        a.　Il fait chaud.

        b.　Il travaille.

    3. (　　　)

        a.　Jusqu'à l'Opéra.

        b.　Jusqu'à midi.

3. 音声を聞き、読まれた文の中に含まれる数を（　　　）の中に数字で書き入れなさい。 🔊 83

    1. (　　　)

    2. (　　　)

    3. (　　　)

    4. (　　　)

    5. (　　　)

Leçon 12

Opéra Garnier ▶

📄 2つのオペラ座

オペラ・ガルニエ Opéra Garnier はナポレオン 3 世治下に
造られた。ネオ・バロックの華麗な装飾を誇り、丸天井に
はシャガール作の「夢の花束」が描かれている。
オペラ・バスティーユ Opéra Bastille は故ミッテラン大統
領のもとで、革命 200 周年を記念して創設された。
どちらのオペラ座も内部を見学できる。

◀ Opéra Bastille

📄 映画

原則的に立ち見はなく、総入れ替
え制。曜日・年齢・時間帯でさま
ざまな割引制度がある。外国映画
は字幕付きの原語版（V.O.）と、
フランス語による吹き替え版（V.
F.）に分かれている場合がある。

四季折々のパリのイベント

▲ **Roland Garros** 全仏オープン

▲ **Paris plage**
パリ・プラージュ

▲ **Fête des Vendages de Montmartre**
モンマルトルの収穫祭

▲ **Noël** クリスマス

情報誌

『オヴニ』OVNI はタブロイド版の
日本語ミニコミ紙。さまざまな娯楽、
イベントだけでなく、アパルトマン
や求人などの情報も載っている。
電子版もある。

JEU 12

1. ～ 4. の映画の《監督》と［出演者］を結びつけてみよう。

1.『アメリ』

《　　》［　　］

2.『シェルブールの雨傘』

《　　》［　　］

3.『タクシー』

《　　》［　　］

4.『最強のふたり』

《　　》［　　］

《監督》	［出演者］
a. Jaques Demy	e. Samy Naceri
b. Olivier Nakache / Éric Toledano	f. Audrey Tautou
c. Gérard Pirès	g. Catherine Deneuve
d. Jean-Pierre Jeunet	h. Omar Sy

12
Profil

オペラ座の中へ

Conversation 12

— À l'Opéra — 🎵84

Mariko と Yoko と Jean は、オペラ座の前に立っています。

Jean : Cet Opéra a été achevé en 1875 et c'est en 1989 qu'on a construit le nouvel Opéra à la Bastille.

Yoko : Ah, je l'ai vu l'autre jour par la fenêtre de l'autocar. Il était très grand. Mais je trouve cet Opéra plus beau.

Jean : Je pense aussi. Vous savez, en payant l'entrée, on peut visiter l'intérieur des deux Opéras.

Mariko : C'est vrai ? Je voudrais bien les voir.

Yoko : Tiens, c'est déjà fermé aujourd'hui. Quel dommage !

Jean : Tant pis ! Nous reviendrons demain, si vous voulez.

単純未来形の活用

🎵85

avoir		être		donner		venir	
j'	au*rai*	je	se*rai*	je	donne*rai*	je	viend*rai*
tu	au*ras*	tu	se*ras*	tu	donne*ras*	tu	viend*ras*
il/elle	au*ra*	il/elle	se*ra*	il/elle	donne*ra*	il/elle	viend*ra*
nous	au***rons***	nous	se***rons***	nous	donne***rons***	nous	viend***rons***
vous	au***rez***	vous	se***rez***	vous	donne***rez***	vous	viend***rez***
ils/elles	au***ront***	ils/elles	se***ront***	ils/elles	donne***ront***	ils/elles	viend***ront***

Grammaire 12

1. 単純未来形

語尾は全動詞共通だが、語幹は特殊な形が多い ので注意。

avoir, être, donner, venir の単純未来形 ⇒ p.74　　単純未来形の語幹 ⇒ p.82

未来における行為、状態、予定等を表す。

J'*irai* en France le mois prochain. 　　　　　私は来月フランスへ行きます。

Demain, il *fera* mauvais et il *pleuvra*. 　　　明日は天気が悪くて雨が降るでしょう。

2人称は命令の意をもつことが多い。

Tu *finiras* tes devoirs avant le dîner. 　　　夕食までに宿題を終えなさい。

Vous me *rendrez* ce livre avant mardi. 　　　火曜日までにその本を私に返して下さい。

2. ジェロンディフ　　en + 現在分詞

現在分詞は、現在形の nous の活用語尾の ons を ant に変えて作る。　　　　現在分詞の用法 ⇒ p.83

例外：être → étant, avoir → ayant, savoir → sachant

副詞的に、同時性、手段、条件、対立・譲歩等を表す。

Il travaille *en écoutant* la radio. 　　　　　彼はラジオを聞きながら勉強する。

En prenant le taxi, tu arriveras à temps. 　　タクシーに乗れば間に合うよ。

Tout en étant très riche, il n'est pas heureux. 　大金持ちなのに、彼は幸福ではない。

3. 強調構文

① 主語の強調　　C'est + 主語 + qui 〜　　　主語が代名詞の場合は強勢形を用いる。

C'est Claire *qui* chante. 　　　　　　　　歌っているのはクレールです。

C'est moi *qui* cherche Jeanne. 　　　　　　ジャンヌを探しているのは私です。

② 主語以外の強調　　C'est + 主語以外の要素 + que 〜

C'est Jeanne *que* je cherche. 　　　　　　私が探しているのはジャンヌです。

C'est hier *qu'*il est parti. 　　　　　　　彼が出発したのは昨日です。

Exercices 12

1. （　　　　）内の不定詞を単純未来形に活用させなさい。

　1. J'(avoir →　　　　　　　　　) vingt ans la semaine prochaine.

　2. S'il pleut demain, nous (rester →　　　　　　　　　) à la maison.

　3. Qu'est-ce que vous (faire →　　　　　　　　　) dimanche prochain ?

　4. On (voir →　　　　　　　) bien !

　5. Je (revenir →　　　　　　　　　) dans une heure.

　6. Tu me (dire →　　　　　　　) la vérité.

2. （　　）内の不定詞をジェロンディフにしなさい。

　1. Il mange .... (regarder) la télé.

　2. .... (tourner) à droite, vous verrez le château.

　3. J'ai rencontré Sylvie .... (se promener).

3. 文意に従って、与えられた単語を並べ替えてフランス語の文をつくりなさい。
　ただし、それぞれ使われない単語が１つずつあります。

　1. 私が彼女に会ったのは昨日です。

　　→ ....

　　　ai / **c'est** / **hier** / **je** / **l'** / **lui** / **que** / **vue**

　2. その映画をどう思いますか。

　　→ .... – .... ?

　　　ce / **comment** / **film** / **que** / **trouvez** / **vous**

Vocabulaire （娯楽・レジャー）🅒86

cinéma(*m.*) 映画、映画館　　film(*m.*) 映画作品　　place(*f.*) réservée 予約席

concert(*m.*) コンサート　　orchestre(*m.*) オーケストラ　　opéra(*m.*) オペラ（ハウス）

théâtre(*m.*) 劇場、演劇　　pièce(*f.*) 演劇作品　　scène(*f.*) 舞台

metteur(*m.*) en scène 演出家、映画監督

version(*f.*) originale [française] 原語版 [フランス語吹き替え版]　　stade(*m.*) スタジアム

Travaux Pratiques 12

1. 音声を聞き、それぞれの文にもっともふさわしい絵を a 〜 h の中から選びなさい。 💿87

1. (　　) 　　2. (　　) 　　3. (　　) 　　4. (　　) 　　5. (　　) 　　6. (　　)

a

b

c

d

e

f

g

h

2. Mariko と Yoko のパリ滞在も最後の夜になってしまいました。いろいろお土産も買ったようです。下の１〜５の文章が音声の会話の内容に一致する場合は○、一致しない場合は×を（　　）内に書き入れなさい。 💿88

1. (　　　　) Yoko は父親へのお土産に財布を買った。

2. (　　　　) Mariko と Yoko は友人たちに食べ物は買わなかった。

3. (　　　　) ２人は翌日午前６時の飛行機に乗る。

4. (　　　　) ２人ともまだ日本に帰りたくない。

5. (　　　　) Mariko は次回もずっとパリに滞在するつもりである。

3. 音声を聞き、（　　）内に数字を書き入れなさい。（100 〜 ）💿89

1. Ça fait (　　　　　　　　　　　) euros, mademoiselle.

2. J'en ai acheté (　　　　　　　　　　　) grammes.

3. Je suis né à Tokyo en (　　　　　　　　　).

4. Les Jeux Olympiques ont eu lieu à Pékin en (　　　　　　　　　).

5. Ce café a été fondé en (　　　　　　　　　).

Appendice

1. 綴り字の読み方

1）母音字 a, e, i, o, u, y

① **単母音**：母音字 1 つ 🔘 90

a, à, â	i, î, y	o, ô	u, û
[a, ɑ ア]	[i イ]	[o, ɔ オ]	[y ユ]

ami アミ　　âge アージュ　　final フィナール　　joli ジョリ　　tôt ト　　nature ナテュール

e ＋子音字＋母音字 -e（語尾）	e ＋子音字＋子音字 -e ＋子音字（語尾）	é, è, ê
[ə, ー ゥ, 無音]	[e, ε エ]	[e, ε エ]

petit プティ　　de ドゥ　　　madame マダーム　　merci めるスィ　　　dîner ディネ

des デ　　　　côté コテ　　　père ぺーる　　　même メーム

② **複母音**：母音字＋母音字（＋母音字）🔘 91

ai, ei	au, eau	eu, œu	ou	oi
[ε エ]	[o, ɔ オ]	[ø, œ ゥ]	[u ゥ]	[wa ワ]

mai メ　　　　Seine セーヌ　　auto オト　　　beau ボー

bleu ブルー　　sœur スール　　Louvre ルーヴる　　voiture ヴワテュール

③ **鼻母音**：母音字＋ m, n （＋子音）🔘 92

am, em an, en	im, ym, aim, eim in, yn, ain, ein	um un	om on
[ɑ̃ アン]	[ɛ̃ アン]	[œ̃ アン]	[ɔ̃ オン]

jambe ジャンブ　　France フランス　　ensemble アンサンブル　　vin ヴァン　　sympa サンパ

faim ファン　　　plein プラン　　　lundi ランディ　　　un アン　　　son ソン

④ **半母音**： | i ＋母音字 [j ィ] | u ＋母音字 [ɥ ュ] | ou ＋母音字 [w ゥ] | 🔘 93

それぞれ次の母音とつなげて 1 音節で読む　　piano ピアノ　　nuit ニュイ　　oui ゥイ

母音字＋ y ＋母音字 (y = i + i)　　crayon くれィオン　voyage ヴワィアージュ

ille	ail(le)	eil(le)	oin
[ij イーユ]	[aj アーユ]	[εj エーユ]	[wɛ̃ ゥワン]

fille フィーユ　　　famille ファミーユ　　*cf.* mille ミル　　ville ヴィル　　tranquille トらンキル

travail トらヴァーユ　soleil ソレーユ　　loin ルワン

2）子音字

① 語尾の子音字は原則として発音しない。 🎧94

Paris パり pont ポン grand グらン long ロン

*ただし、c ク、f フ、l ル、r る は発音することが多い。

avec アヴェーク chef シェフ journal ジュるナル mer メーる

② 注意すべき子音字 🎧95

c + a, o, u	c + e, i, y ç	g + a, o, u gu + e, i, y	g + e, i, y ge + a, o, u	h	母音字 + s + 母音字
[k カ行]	[s サ行]	[g ガ行]	[ʒ ジャ行]	[— 無音]	[z ザ行]

café カフェ concours コンクーる ceci ススィ ça サ leçon ルソン
gâteau ガトー gourmet グるメ rouge るージュ guide ギードゥ Georges ジョるジュ
homme オム hiver イヴェーる fraise フれーズ poison プワゾン cf. poisson プワソン

ch	ph	gn	qu
[ʃ シャ行]	[f ファ行]	[ɲ ニャ行]	[k カ行]

chanson シャンソン photo フォト montagne モンターニュ qui キ

3）リエゾン・アンシェーヌマン・エリジョン 🎧96

① リエゾン liaison：後ろに母音で始まる語がきたとき、本来は発音されない語末の子音を発音してその母音と 1 音節で読むこと（この場合、s, x は [z ザ行]、d は [t タ行]）。

un‿avion アンナヴィオン ces‿hôtels セゾテル un grand‿arbre アングらンタるブる
deux‿ans ドゥザン nous‿avons ヌーザヴォン chez‿elle シェゼール

② アンシェーヌマン enchaînement：後ろに母音で始まる語がきたとき、発音される語末の子音をその母音とつなげて 1 音節で読むこと。

une‿église ユネグリーズ il‿a イラ elle‿est エレ avec‿elles アヴェケール

③ エリジョン élision：後ろに母音で始まる語がきたとき、語末の母音字が省略されてアポストロフ（'）になること（エリジョンが行なわれるのは以下の単語のみ）。

ce, de, je, la, le, me, ne, que, se, te → c', d', j', l', l', m', n', qu', s', t'
si は後ろに il(s) がきたときのみ → s'ils

2. 名詞の複数形

① 原則：単数形＋ s   un livre → des livre*s*

② -s, -x, -z → 不変   un fils → des fil*s*   un prix → des pri*x*

③ -eu, -eau → -eux, eaux   un cheveu → des cheveu*x*   un bateau → des bateau*x*

④ -al → -aux   un journal → des journ*aux*

⑤ その他   un œil → des *yeux*   un travail → des *travaux*

✍ 例にならって、次の名詞の数を変えましょう。

例   un livre → des livres   les tables → la table

1. une voiture →   2. des gâteaux →

3. l'hôpital →   4. les chiens →

5. un repas →   6. les cheveux →

3. 形容詞の女性形

① 原則：男性形＋ e   petit → petit*e*   grand → grand*e*

② -e → -e（不変）   jeune → jeun*e*   rouge → roug*e*

③ -er → -ère   cher → ch*ère*   dernier → derni*ère*

④ -f → -ve   neuf → neu*ve*   attentif → attenti*ve*

⑤ -eux → -euse   heureux → heur*euse*   sérieux → séri*euse*

⑥ 語尾の子音を重ねるもの   bon → bo*nne*   ancien → ancie*nne*   bas → ba*sse*

                             gentil → genti*lle*   gros → gro*sse*   violet → viole*tte*

⑦ 特殊形   blanc → *blanche*   doux → *douce*   frais → *fraîche*   long → *longue*

⑧ beau, nouveau, vieux は母音で始まる男性単数名詞の前では男性単数第2形を使う。

	単 数 複 数	単 数 複 数	単 数 複 数
男 性	beau beaux	nouveau nouveaux	vieux vieux
第2形	bel	nouvel	vieil
女 性	belle belles	nouvelle nouvelles	vieille vieilles

（単数） un *beau* jardin   （複数） de *beaux* jardins   美しい庭

        un *bel* arbre   de *beaux* arbres   美しい木

        une *belle* maison   de *belles* maisons   美しい家

        une *belle* étoile   de *belles* étoiles   美しい星

✍ 次の形容詞を女性形にしましょう。

1. gris →   2. rose   →   3. étranger →

4. sportif →   5. nombreux →   6. italien   →

✎ 形容詞を正しい位置に置き、名詞に性数一致させましょう。

1. dernier : la semaine　→
2. long : une histoire　→
3. neuf : une voiture　→
4. nouveau : l'an　→
5. doux : des fruits　→
6. blanc : une robe　→

4. 補語人称代名詞が2つある場合の語順

直接目的補語が le, la, les のいずれかの場合は2つの代名詞を並べられる。

間接目的補語が1, 2人称なら間接＋直接、間接目的補語が3人称なら直接＋間接の順になる。

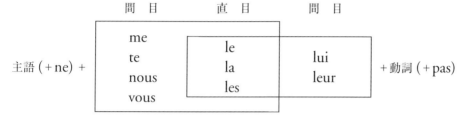

間　目　　　　直　目　　　　間　目

主語（＋ne）＋

| me te nous vous | le la les | lui leur |

＋動詞（＋pas）

Je *te la* donne.　私は君にそれをあげる。　Je *les lui* montre.　私はそれらを彼（女）に見せる。

肯定命令形の時は常に　動詞－直接目的補語－間接目的補語　の順（me, te は moi, toi になる）。

Donnez-*la-moi*.　それを私に下さい。　Montre-*les-lui*.　それらを彼（女）に見せなさい。

5. 過去分詞の性・数一致

過去分詞は主語や直接目的補語の性数に従って変化することがある。

過去分詞の性数変化
（全過去分詞共通）

男単	女単	男複	女複
—	-e	-s	-es

助動詞 être：常に主語に性数一致

Elle est parti*e*.（女単）(partir) / Ils sont venu*s* chez moi.（男複）(venir)
彼女は出発した。　　　　　　　　彼らは私の家に来た。

助動詞 avoir：直接目的補語が動詞の前 に出た時のみ、その直接目的補語に性数一致

Elle a acheté une robe à Paris et elle *l'*a **montrée** à sa sœur.
彼女はパリでドレスを買って、それを妹に見せた。（l' = la robe：女単）

6. 受動態の複合過去形　avoir の現在形＋été＋過去分詞＋par / de ～

Sophie et Michel *ont été invités* par Claire.　ソフィーとミシェルはクレールに招待された。

cf. Sophie et Michel *seront invités* par Claire.（単純未来形）
　　　　　　　　　　　　　　　ソフィーとミシェルはクレールに招待されるだろう。

・受動態の時制はこのように être を活用させて表す。

7. 代名動詞の用法

① 再帰的用法「自分を［自分に］〜する」

　　＊多くは自動詞的意味になる。 *ex.* se coucher 自分を寝かす → 「寝る」

　　　　Vous *vous appelez* comment ? (s'appeler)　　　　　　お名前は何とおっしゃいますか？

　　　　Il *se brosse* les dents le matin et le soir. (se brosser)　　彼は朝晩歯を磨く。

② 相互的用法「互いに〜しあう」 ＊主語は常に複数

　　　　Ces écrivains *se respectent* l'un l'autre. (se respecter)
　　　　この作家たちは互いに尊敬しあっている。

　　　　Ils *se téléphonent* chaque soir. (se téléphoner)　　　　彼らは毎晩電話をかけあっている。

③ 受動的用法 「〜される」 ＊主語は常にもの。

　　　　Le français *se parle* aussi au Canada. (se parler)　　　カナダでもフランス語が話される。

　　　　Ce mot ne *s'emploie* plus. (s'employer)　　　　　　　この言葉はもう使われない。

④ 本質的用法

　　＊代名動詞の形しかないもの、あるいは se のない形とは意味がだいぶ違っているもの。

　　　　Elles *se moquent* de moi. (se moquer)　　　　　　　彼女たちは私のことを馬鹿にしている。

　　　　Je *me sers* de temps en temps de la voiture de mon père. (se servir)

　　　　　　　　　　　　　　　　　　　　　　　　　　　　　私は時々父の車を使う。

8. 代名動詞の複合過去形　　再帰代名詞 + être の現在形 + 過去分詞　　＊代名動詞はすべて助動詞は être

se lever 起きる							
je	me	suis	levé(e)	nous	nous	sommes	levé(e)s
tu	t'es		levé(e)	vous	vous	êtes	levé(e)(s)
il	s'est		levé	ils	se	sont	levés
elle	s'est		levée	elles	se	sont	levées

過去分詞は再帰代名詞（＝主語）と性数一致する （再帰代名詞が間接目的の時は過去分詞は不変）。

　　　　Elle s'est *couchée* à 9 heures.　　彼女は 9 時に寝た。　　(se coucher : se ＝直接)

　　　　Elle s'est *lavé* la figure.　　　　　彼女は顔を洗った。　　(se laver : se ＝間接)

9. 単純未来形の語幹

① -er 動詞 → r をとる　　: donner → je donnerai,　　　aimer → j'aimerai

　　　　　　　　　　　　　＊ acheter → j'ach**è**terai,　　appeler → j'appe**ll**erai

　　-ir 動詞 → r をとる　　: finir → je **fini**rai,　　　　partir → je **parti**rai

　　-re 動詞 → re をとる　: prendre → je **prend**rai,　　attendre → j'**attend**rai

　　-oir 動詞 → oir をとる　: devoir → je **dev**rai,　　　recevoir → je **recev**rai

② -oir 動詞を中心に 特殊形 をもつものが多い：

aller → j'irai,	avoir → j'aurai,	être → je serai,
faire → je ferai,	pouvoir → je pourrai,	savoir → je saurai,
venir → je viendrai,	voir → je verrai,	vouloir → je voudrai

10. 現在分詞の用法

単純形　-ant　（作り方⇒ p. 75）　　　：主節の動詞と同時制

複合形　助動詞の現在分詞＋過去分詞　：主節の動詞の前に完了（ジェロンディフには用いられない）

話し言葉でよく使われるジェロンディフに対して、現在分詞は主として書き言葉で用いられる。

① 形容詞的用法：名詞や代名詞を修飾する。

J'ai rencontré Nicolas *revenant* de l'école.　　私は学校から帰って来るニコラと会った。

　ジェロンディフにはこの用法はなく、常に主節の主語にかかる。

J'ai rencontré Nicolas *en revenant* de l'école.　私は学校から帰る途中にニコラと会った。

② 副詞的用法：主語の同格として同時性、原因、理由、条件等を表す。

Étant fatiguée, elle n'est pas sortie.　　　　疲れていたので彼女は出かけなかった。

Ayant trop *bu*, ils avaient mal à la tête.　　飲みすぎて彼らは頭が痛かった。

11. 時刻の言い方　🄯97

Quelle heure est-il maintenant ?	今何時ですか？
Vous avez l'heure ?	今何時かわかりますか？
— Il est une heure.	1 時です。
Il est trois heures cinq.	3 時 5 分です。
Il est cinq heures et quart.	5 時 15 分です。
Il est sept heures et demie.	7 時半です。
Il est neuf heures moins deux.	9 時 2 分前です。
Il est onze heures moins le quart.	11 時 15 分前です。
Il est midi.	正午［昼の 12 時］です。
Il est minuit.	午前 0 時［夜の 12 時］です。

12. 国名と前置詞

男性単数国名

le Brésil ブラジル	le Canada カナダ	le Danemark デンマーク	l'Iran イラン
l'Iraq イラク	le Japon 日本	le Mexique メキシコ	le Portugal ポルトガル

女性単数国名

l'Allemagne ドイツ	l'Angleterre イギリス	la Belgique ベルギー	la Chine 中国
la Corée (du Sud) 韓国	l'Espagne スペイン	la France フランス	la Grèce ギリシャ
l'Italie イタリア	la Russie ロシア	la Suisse スイス	

複数国名

les États-Unis (男)アメリカ	les Pays-Bas (男)オランダ	les Philippines (女)フィリピン

	～へ、で、に			～から		
男性単数国名：	**au** + 国名	au Canada	au Japon	**du** + 国名	du Canada	du Japon
女性単数国名：	**en** + 国名	en France	en Italie	**de** + 国名	de France	d'Italie
（母音で始まる男性単数）		en Iran			d'Iran	
男女複数国名：	**aux** + 国名	aux États-Unis		**des** + 国名	des Étas-Unis	

13. 前置詞

1) 主な前置詞

à

場所「～に、へ、で」	à Paris パリに[で]	à la gare 駅に[で]
時「～に」	à dix heures 10時に	au printemps 春に
その他	un timbre à un euro 1ユーロの切手	
	quelque chose à boire 何か飲むもの	

de

場所・時「～から」	de l'école 学校から	de sept heures à neuf heures 7時から9時まで
所属・用途など「～の」	la voiture de Jean ジャンの車	l'histoire du Japon 日本の歴史
	le train de huit heures 8時の電車	une salle de bains 浴室
	une exposition de peinture 絵画展	
数量表現	beaucoup de たくさんの	plus de より多くの

dans

場所「～の中に、中で」	dans la chambre 部屋に[で]	dans la ville 町の中を[で]
時「（今から）～後」	dans deux jours 2日後	*cf.* il y a deux jours 2日前
「～の間に、時分に」	dans la matinée 午前中	dans mon enfance 私の子供の頃

en ＋ 無冠詞名詞

場所「～に、へ、で」	en France フランスに［で］	en ville 町で
時「～に」	en 2021 2021年に en hiver 冬に	en mai 5月に
「～で、かかって」	en deux jours 2日で	
様態・手段など	en panne 故障中 en train [voiture, avion] 電車［車、飛行機］で	
	en groupe グループで s'habiller en noir 黒い服を着る	

pour

場所「～に向かって」　partir pour Paris パリに出発する

　　　　　　　　　　prendre l'avion pour Londres ロンドン行きの飛行機に乗る

時「～の予定で」　　un billet pour cinq jours 5日間有効の切符

目的・用途など　　　pour vous あなたのために［あなたあての］

「～のために、の」　C'est pour offrir. 進物用です。

par

場所「～を通って」　aller à Nice par Paris パリ経由でニースへ行く

　　　　　　　　　　regarder par la fenêtre 窓から眺める

　　　　　　　　　　Venez par ici. こちらへおいでください。

手段・動作主など　　par avion [bateau] 航空便［船便］で

「～で、～によって」　Marie est invitée par Paul. マリーはポールに招待される。

avec

「～と一緒に、～と、で、　avec Marie [son parapluie] マリーと一緒に［傘を持って］

～に対して」　　　　　Soyez gentil avec tout le monde. みんなに親切にしなさい。

sans

「～なしに、～せずに」　sans argent お金なしに　　　sans dire un mot 一言もいわずに

2) 場所や時を表すその他の主な前置詞(句)

① 場所　**chez** ＋人 ～の家[店]で、に　　**devant** ～の前に　　**derrière** ～の後ろに　　**sous** ～の下に

　　　　sur ～の上に　　　　　　　　**entre** ～の間に　　**jusqu'à** ～まで　　　**vers** ～の方へ

　　　　près de ～の近くに　　　　　　**loin de** ～から遠くに　　**au milieu de** ～の真ん中に

　　　　à côté de ～の隣に　　　　　　**en face de** ～の正面に

② 時　　**avant** ～より前に、までに　　**après** ～のあとで　　**jusqu'à** ～まで　　　**pendant** ～の間

　　　　vers ～頃　　**depuis** (過去のある時点)から　　**à partir de** (現在、未来のある時点)から

14. 序数詞 🔘98

順序を示す序数詞は「第1の、1番目の」を除いて **数詞 ＋ ième** で表す。

数詞が e で終わるものは e をとり、cinq は u を足し、neuf は f を v に変えて ième をつける。

1er premier	5e cinquième	10e dixième
[1ère première]	6e sixième	11e onzième
2e deuxième	7e septième	19e dix-neuvième
3e troisième	8e huitième	20e vingtième
4e quatrième	9e neuvième	21e vingt et unième

le 21e siècle　21世紀　　le 1er étage　2階（日本でいう1階は rez-de-chaussée）

日付けは1日のみ序数詞　　le 1er janvier　1月1日　　*cf.* le 14 juillet　7月14日

国主や皇帝も1世のみ序数詞　　François Ier　フランソワ1世　　*cf.* Louis XIV　ルイ14世

15. 月・曜日・四季・方位 🎧99

1月 janvier	月曜日 lundi	昨日 hier
2月 février	火曜日 mardi	今日 aujourd'hui
3月 mars	水曜日 mercredi	明日 demain
4月 avril	木曜日 jeudi	
5月 mai	金曜日 vendredi	週 semaine
6月 juin	土曜日 samedi	月 mois
7月 juillet	日曜日 dimanche	年 année / an
8月 août		
9月 septembre	春（に） (au) printemps	東 est
10月 octobre	夏（に） (en) été	西 ouest
11月 novembre	秋（に） (en) automne	南 sud
12月 décembre	冬（に） (en) hiver	北 nord

16. ローマ数字

1 I	6 VI	11 XI	16 XVI	40 XL
2 II	7 VII	12 XII	17 XVII	50 L
3 III	8 VIII	13 XIII	18 XVIII	100 C
4 IV	9 IX	14 XIV	19 XIX	500 D
5 V	10 X	15 XV	20 XX	1000 M

17. 婦人服・靴のサイズ比較表

婦人服	日	7号	9号	11号	13号
	仏	36	38	40	42

靴	日	22.5 cm	23 cm	23.5 cm	24 cm	24.5 cm	25 cm
	仏	35	36	37	38	39	40

写真クレジット一覧（順不同）

frantic00 / Shutterstock.com, TK Kurikawa / Shutterstock.com, wantanddo / Shutterstock.com, EQRoy / Shutterstock.com, AppleDK / Shutterstock.com, dnaveh / Shutterstock.com, Hung Chung Chih / Shutterstock.com, Sorbis / Shutterstock.com, Alexandra Lande / Shutterstock.com, UlyssePixel / Shutterstock.com, Pack-Shot / Shutterstock.com, Alex Segre / Shutterstock.com, Premier Photo / Shutterstock.com, ApinBen4289 / Shutterstock.com, Sebastien DURAND / Shutterstock.com, Hadrian / Shutterstock.com, Art Konovalov / Shutterstock.com, UlyssePixel / Shutterstock.com, Pigprox / Shutterstock.com, Gardens by Design / Shutterstock.com, Sebastien DURAND / Shutterstock.com, gallofilm / Shutterstock.com, Protasov AN / Shutterstock.com, nikolpetr / Shutterstock.com, Premier Photo / Shutterstock.com, Elena Dijour / Shutterstock.com, timsimages.uk / Shutterstock.com, Pack-Shot / Shutterstock.com, verbaska / Shutterstock.com, Kiev.Victor / Shutterstock.com, designium / Shutterstock.com, A G Baxter / Shutterstock.com, UlyssePixel / Shutterstock.com, Matej Kastelic / Shutterstock.com, Nadiia_foto / Shutterstock.com, cdrin / Shutterstock.com, kipgodi / Shutterstock.com, Jerome LABOUYRIE / Shutterstock.com, JeanLucIchard / Shutterstock.com, Olga Besnard / Shutterstock.com, Paul Gueu / Shutterstock.com, Ana del Castillo / Shutterstock.com, Kiev.Victor / Shutterstock.com, Denis Kuvaev / Shutterstock.com, f11photo / Shutterstock.com

表紙デザイン：株式会社 欧友社
本文イラスト：株式会社メディアアート

新はじめてのパリ
—映像付き—

検印
省略

© 2021 年 1 月 15 日　初 版 発 行
2024 年 3 月 1 日　第 2 刷 発 行

著者　　　　大 津 俊 克
　　　　　　瀧 川 広 子
　　　　　　藤 井 宏 尚

発行者　　　原　雅　久
発行所　　　株式会社 朝 日 出 版 社
　　　　　　〒 101-0065　東京都千代田区西神田 3-3-5
　　　　　　電話 (03) 3239-0271・72（直通）
　　　　　　振替口座　東京 00140-2-46008
　　　　　　http://www.asahipress.com
　　　　　　㈱欧友社

乱丁・落丁本はお取り替えいたします
ISBN978-4-255-35319-7 C1085

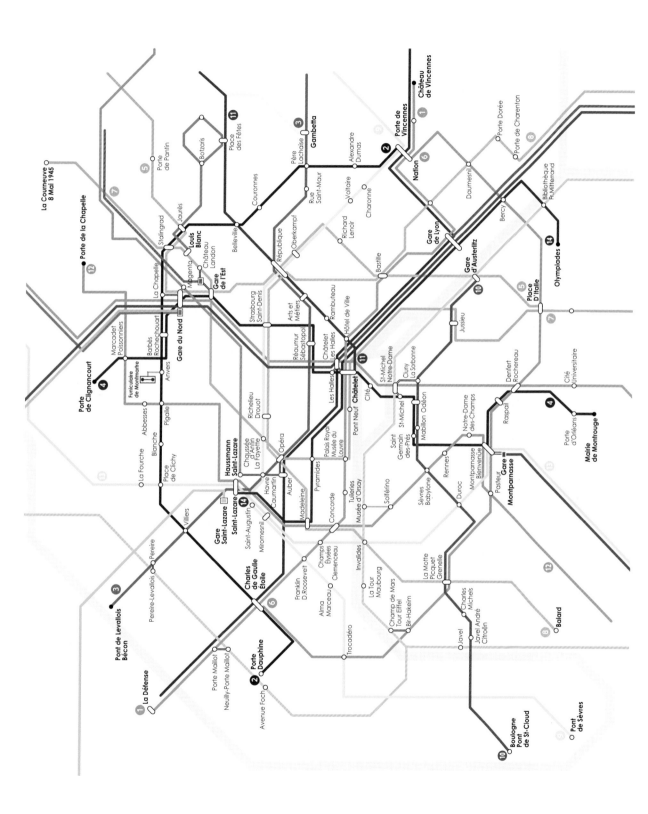

ANGLETERRE

MANCHE

NORD

Cherbourg

• Amiens

PICARDIE

Le Havre • Rouen

NORMANDIE

Versailles • • Paris

BRETAGNE   St-Malo   Le Mont-St-Michel

ÎLE-DE-
FRANC

Chartres

Carnac

PAYS DE LA LOIRE

Orléans

la Loire

Tours •

CENTRE

Nantes

OCÉAN ATLANTIQUE

Poitiers •

POITOU-
CHARENTES

LIMOUSIN

Clermo
Ferranc

Bordeaux

la Garonne

AUVERGN

AQUITAINE

LANGUED
ROUSSILL

Toulouse

MIDI-
PYRÉNÉES

Carcassonn

• Lourdes

ESPAGNE

FRANCE

BELGIQUE

ALLEMAGNE

Reims

LUXEMBOURG

HAMPAGNE-
RDENNE

LORRAINE

Strasbourg

ALSACE

la Seine

JRGOGNE

FRANCHE-
COMTÉ

Dijon

Besançon

SUISSE

RHÔNE-ALPES

Lyon

Grenoble

ITALIE

le Rhône

PROVENCE

Avignon

Arles

CÔTE D'AZUR

MONACO

Nice

Cannes

Marseille

MER MÉDITERRANÉE

CORSE

動 詞 変 化 表

I. aimer
II. arriver
III. être aimé(e)(s)
IV. se lever

1. avoir	17. venir	33. rire
2. être	18. ouvrir	34. croire
3. parler	19. rendre	35. craindre
4. placer	20. mettre	36. prendre
5. manger	21. battre	37. boire
6. acheter	22. suivre	38. voir
7. appeler	23. vivre	39. asseoir
8. préférer	24. écrire	40. recevoir
9. employer	25. connaître	41. devoir
10. envoyer	26. naître	42. pouvoir
11. aller	27. conduire	43. vouloir
12. finir	28. suffire	44. savoir
13. partir	29. lire	45. valoir
14. courir	30. plaire	46. falloir
15. fuir	31. dire	47. pleuvoir
16. mourir	32. faire	

不定形・分詞形	直　　説　　法		

I. aimer
aimant
aimé
ayant aimé
（助動詞　avoir）

	現　　在	半　過　去	単　純　過　去
j'	aime	aimais	aimai
tu	aimes	aimais	aimas
il	aime	aimait	aima
nous	aimons	aimions	aimâmes
vous	aimez	aimiez	aimâtes
ils	aiment	aimaient	aimèrent

命　令　法
aime
aimons
aimez

	複　合　過　去	大　過　去	前　過　去
j'	ai aimé	avais aimé	eus aimé
tu	as aimé	avais aimé	eus aimé
il	a aimé	avait aimé	eut aimé
nous	avons aimé	avions aimé	eûmes aimé
vous	avez aimé	aviez aimé	eûtes aimé
ils	ont aimé	avaient aimé	eurent aimé

II. arriver
arrivant
arrivé
étant arrivé(e)(s)
（助動詞　être）

	複　合　過　去	大　過　去	前　過　去
je	suis arrivé(e)	j' étais arrivé(e)	je fus arrivé(e)
tu	es arrivé(e)	tu étais arrivé(e)	tu fus arrivé(e)
il	est arrivé	il était arrivé	il fut arrivé
elle	est arrivée	elle était arrivée	elle fut arrivée
nous	sommes arrivé(e)s	nous étions arrivé(e)s	nous fûmes arrivé(e)s
vous	êtes arrivé(e)(s)	vous étiez arrivé(e)(s)	vous fûtes arrivé(e)(s)
ils	sont arrivés	ils étaient arrivés	ils furent arrivés
elles	sont arrivées	elles étaient arrivées	elles furent arrivées

III. être aimé(e)(s)
受動態
étant aimé(e)(s)
ayant été aimé(e)(s)

	現　　在	半　過　去	単　純　過　去
je	suis aimé(e)	j' étais aimé(e)	je fus aimé(e)
tu	es aimé(e)	tu étais aimé(e)	tu fus aimé(e)
il	est aimé	il était aimé	il fut aimé
elle	est aimée	elle était aimée	elle fut aimé e
n.	sommes aimé(e)s	n. étions aimé(e)s	n. fûmes aimé(e)s
v.	êtes aimé(e)(s)	v. étiez aimé(e)(s)	v. fûtes aimé(e)(s)
ils	sont aimés	ils étaient aimés	ils furent aimés
elles	sont aimées	elles étaient aimées	elles furent aimées

命　令　法
sois aimé(e)
soyons aimé(e)s
soyez aimé(e)(s)

	複　合　過　去	大　過　去	前　過　去
j'	ai été aimé(e)	avais été aimé(e)	eus été aimé(e)
tu	as été aimé(e)	avais été aimé(e)	eus été aimé(e)
il	a été aimé	avait été aimé	eut été aimé
elle	a été aimée	avait été aimée	eut été aimée
n.	avons été aimé(e)s	avions été aimé(e)s	eûmes été aimé(e)s
v.	avez été aimé(e)(s)	aviez été aimé(e)(s)	eûtes été aimé(e)(s)
ils	ont été aimés	avaient été aimés	eurent été aimés
elles	ont été aimées	avaient été aimées	eurent été aimées

IV. se lever
代名動詞
se levant
s'étant levé(e)(s)

	現　　在	半　過　去	単　純　過　去
je	me lève	je me levais	je me levai
tu	te lèves	tu te levais	tu te levas
il	se lève	il se levait	il se leva
n.	n. levons	n. n. levions	n. n. levâmes
v.	v. levez	v. v. leviez	v. v. levâtes
ils	se lèvent	ils se levaient	ils se levèrent

命　令　法
lève-toi
levons-nous
levez-vous

	複　合　過　去	大　過　去	前　過　去
je	me suis levé(e)	j' m' étais levé(e)	je me fus levé(e)
tu	t' es levé(e)	tu t' étais levé(e)	tu te fus levé(e)
il	s' est levé	il s' était levé	il se fut levé
elle	s' est levée	elle s' était levée	elle se fut levée
n.	n. sommes levé(e)s	n. n. étions levé(e)s	n. n. fûmes levé(e)s
v.	v. êtes levé(e)(s)	v. v. étiez levé(e)(s)	v. v. fûtes levé(e)(s)
ils	se sont levés	ils s' étaient levés	ils se furent levés
elles	se sont levées	elles s' étaient levées	elles se furent levées

直　説　法	条　件　法	接　続　法	

単　純　未　来 / 現　在 / 現　在 / 半　過　去

単　純　未　来	現　在	現　在	半　過　去
j' aimerai	j' aimerais	j' aime	j' aimasse
tu aimeras	tu aimerais	tu aimes	tu aimasses
il aimera	il aimerait	il aime	il aimât
nous aimerons	nous aimerions	nous aimions	nous aimassions
vous aimerez	vous aimeriez	vous aimiez	vous aimassiez
ils aimeront	ils aimeraient	ils aiment	ils aimassent

前　未　来 / 過　去 / 過　去 / 大　過　去

前　未　来	過　去	過　去	大　過　去
j' aurai aimé	j' aurais aimé	j' aie aimé	j' eusse aimé
tu auras aimé	tu aurais aimé	tu aies aimé	tu eusses aimé
il aura aimé	il aurait aimé	il ait aimé	il eût aimé
nous aurons aimé	nous aurions aimé	nous ayons aimé	nous eussions aimé
vous aurez aimé	vous auriez aimé	vous ayez aimé	vous eussiez aimé
ils auront aimé	ils auraient aimé	ils aient aimé	ils eussent aimé

前　未　来 / 過　去 / 過　去 / 大　過　去

前　未　来	過　去	過　去	大　過　去
je serai arrivé(e)	je serais arrivé(e)	je sois arrivé(e)	je fusse arrivé(e)
tu seras arrivé(e)	tu serais arrivé(e)	tu sois arrivé(e)	tu fusses arrivé(e)
il sera arrivé	il serait arrivé	il soit arrivé	il fût arrivé
elle sera arrivée	elle serait arrivée	elle soit arrivée	elle fût arrivée
nous serons arrivé(e)s	nous serions arrivé(e)s	nous soyons arrivé(e)s	nous fussions arrivé(e)s
vous serez arrivé(e)(s)	vous seriez arrivé(e)(s)	vous soyez arrivé(e)(s)	vous fussiez arrivé(e)(s)
ils seront arrivés	ils seraient arrivés	ils soient arrivés	ils fussent arrivés
elles seront arrivées	elles seraient arrivées	elles soient arrivées	elles fussent arrivées

単　純　未　来 / 現　在 / 現　在 / 半　過　去

単　純　未　来	現　在	現　在	半　過　去
je serai aimé(e)	je serais aimé(e)	je sois aimé(e)	je fusse aimé(e)
tu seras aimé(e)	tu serais aimé(e)	tu sois aimé(e)	tu fusses aimé(e)
il sera aimé	il serait aimé	il soit aimé	il fût aimé
elle sera aimée	elle serait aimée	elle soit aimée	elle fût aimée
n. serons aimé(e)s	n. serions aimé(e)s	n. soyons aimé(e)s	n. fussions aimé(e)s
v. serez aimé(e)(s)	v. seriez aimé(e)(s)	v. soyez aimé(e)(s)	v. fussiez aimé(e)(s)
ils seront aimés	ils seraient aimés	ils soient aimés	ils fussent aimés
elles seront aimées	elles seraient aimées	elles soient aimées	elles fussent aimées

前　未　来 / 過　去 / 過　去 / 大　過　去

前　未　来	過　去	過　去	大　過　去
j' aurai été aimé(e)	j' aurais été aimé(e)	j' aie été aimé(e)	j' eusse été aimé(e)
tu auras été aimé(e)	tu aurais été aimé(e)	tu aies été aimé(e)	tu eusses été aimé(e)
il aura été aimé	il aurait été aimé	il ait été aimé	il eût été aimé
elle aura été aimée	elle aurait été aimée	elle ait été aimée	elle eût été aimée
n. aurons été aimé(e)s	n. aurions été aimé(e)s	n. ayons été aimé(e)s	n. eussions été aimé(e)s
v. aurez été aimé(e)(s)	v. auriez été aimé(e)(s)	v. ayez été aimé(e)(s)	v. eussiez été aimé(e)(s)
ils auront été aimés	ils auraient été aimés	ils aient été aimés	ils eussent été aimés
elles auront été aimées	elles auraient été aimées	elles aient été aimées	elles eussent été aimées

単　純　未　来 / 現　在 / 現　在 / 半　過　去

単　純　未　来	現　在	現　在	半　過　去
je me lèverai	je me lèverais	je me lève	je me levasse
tu te lèveras	tu te lèverais	tu te lèves	tu te levasses
il se lèvera	il se lèverait	il se lève	il se levât
n. n. lèverons	n. n. lèverions	n. n. levions	n. n. levassions
v. v. lèverez	v. v. lèveriez	v. v. leviez	v. v. levassiez
ils se lèveront	ils se lèveraient	ils se lèvent	ils se levassent

前　未　来 / 過　去 / 過　去 / 大　過　去

前　未　来	過　去	過　去	大　過　去
je me serai levé(e)	je me serais levé(e)	je me sois levé(e)	je me fusse levé(e)
tu te seras levé(e)	tu te serais levé(e)	tu te sois levé(e)	tu te fusses levé(e)
il se sera levé	il se serait levé	il se soit levé	il se fût levé
elle se sera levée	elle se serait levée	elle se soit levée	elle se fût levée
n. n. serons levé(e)s	n. n. serions levé(e)s	n. n. soyons levé(e)s	n. n. fussions levé(e)s
v. v. serez levé(e)(s)	v. v. seriez levé(e)(s)	v. v. soyez levé(e)(s)	v. v. fussiez levé(e)(s)
ils se seront levés	ils se seraient levés	ils se soient levés	ils se fussent levés
elles se seront levées	elles se seraient levées	elles se soient levées	elles se fussent levées

不 定 形 分 詞 形	直　　説　　法			
	現　　　在	半 過 去	単 純 過 去	単 純 未 来
1. avoir もつ ayant eu [y]	j'　ai tu　as il　a n.　avons v.　avez ils　ont	j'　avais tu　avais il　avait n.　avions v.　aviez ils　avaient	j'　eus [y] tu　eus il　eut n.　eûmes v.　eûtes ils　eurent	j'　aurai tu　auras il　aura n.　aurons v.　aurez ils　auront
2. être 在る étant été	je　suis tu　es il　est n.　sommes v.　êtes ils　sont	j'　étais tu　étais il　était n.　étions v.　étiez ils　étaient	je　fus tu　fus il　fut n.　fûmes v.　fûtes ils　furent	je　serai tu　seras il　sera n.　serons v.　serez ils　seront
3. parler 話す parlant parlé	je　parle tu　parles il　parle n.　parlons v.　parlez ils　parlent	je　parlais tu　parlais il　parlait n.　parlions v.　parliez ils　parlaient	je　parlai tu　parlas il　parla n.　parlâmes v.　parlâtes ils　parlèrent	je　parlerai tu　parleras il　parlera n.　parlerons v.　parlerez ils　parleront
4. placer 置く plaçant placé	je　place tu　places il　place n.　plaçons v.　placez ils　placent	je　plaçais tu　plaçais il　plaçait n.　placions v.　placiez ils　plaçaient	je　plaçai tu　plaças il　plaça n.　plaçâmes v.　plaçâtes ils　placèrent	je　placerai tu　placeras il　placera n.　placerons v.　placerez ils　placeront
5. manger 食べる mangeant mangé	je　mange tu　manges il　mange n.　mangeons v.　mangez ils　mangent	je　mangeais tu　mangeais il　mangeait n.　mangions v.　mangiez ils　mangeaient	je　mangeai tu　mangeas il　mangea n.　mangeâmes v.　mangeâtes ils　mangèrent	je　mangerai tu　mangeras il　mangera n.　mangerons v.　mangerez ils　mangeront
6. acheter 買う achetant acheté	j'　achète tu　achètes il　achète n.　achetons v.　achetez ils　achètent	j'　achetais tu　achetais il　achetait n.　achetions v.　achetiez ils　achetaient	j'　achetai tu　achetas il　acheta n.　achetâmes v.　achetâtes ils　achetèrent	j'　achèterai tu　achèteras il　achètera n.　achèterons v.　achèterez ils　achèteront
7. appeler 呼ぶ appelant appelé	j'　appelle tu　appelles il　appelle n.　appelons v.　appelez ils　appellent	j'　appelais tu　appelais il　appelait n.　appelions v.　appeliez ils　appelaient	j'　appelai tu　appelas il　appela n.　appelâmes v.　appelâtes ils　appelèrent	j'　appellerai tu　appelleras il　appellera n.　appellerons v.　appellerez ils　appelleront
8. préférer より好む préférant préféré	je　préfère tu　préfères il　préfère n.　préférons v.　préférez ils　préfèrent	je　préférais tu　préférais il　préférait n.　préférions v.　préfériez ils　préféraient	je　préférai tu　préféras il　préféra n.　préférâmes v.　préférâtes ils　préférèrent	je　préférerai tu　préféreras il　préférera n.　préférerons v.　préférerez ils　préféreront

条　件　法		接　　続　　法		命　令　法	同型活用の動詞
現　在	現　在	半　過　去	現　在	（注意）

条件法 現在	接続法 現在	接続法 半過去	命令法 現在	同型活用の動詞（注意）
j' aurais tu aurais il aurait n. aurions v. auriez ils auraient	j' aie tu aies il ait n. ayons v. ayez ils aient	j' eusse tu eusses il eût n. eussions v. eussiez ils eussent	aie ayons ayez	
je serais tu serais il serait n. serions v. seriez ils seraient	je sois tu sois il soit n. soyons v. soyez ils soient	je fusse tu fusses il fût n. fussions v. fussiez ils fussent	sois soyons soyez	
je parlerais tu parlerais il parlerait n. parlerions v. parleriez ils parleraient	je parle tu parles il parle n. parlions v. parliez ils parlent	je parlasse tu parlasses il parlât n. parlassions v. parlassiez ils parlassent	parle parlons parlez	第1群規則動詞 （4型〜10型をのぞく）
je placerais tu placerais il placerait n. placerions v. placeriez ils placeraient	je place tu places il place n. placions v. placiez ils placent	je plaçasse tu plaçasses il plaçât n. plaçassions v. plaçassiez ils plaçassent	place plaçons placez	—cer の動詞 annoncer, avancer, commencer, effacer, renoncer など. (a, o の前で c → ç)
je mangerais tu mangerais il mangerait n. mangerions v. mangeriez ils mangeraient	je mange tu manges il mange n. mangions v. mangiez ils mangent	je mangeasse tu mangeasses il mangeât n. mangeassions v. mangeassiez ils mangeassent	mange mangeons mangez	—ger の動詞 arranger, changer, charger, engager, nager, obliger など. (a, o の前で g → ge)
j' achèterais tu achèterais il achèterait n. achèterions v. achèteriez ils achèteraient	j' achète tu achètes il achète n. achetions v. achetiez ils achètent	j' achetasse tu achetasses il achetât n. achetassions v. achetassiez ils achetassent	achète achetons achetez	—e＋子音＋er の動詞 achever, lever, mener など. (7型をのぞく. e muet を 含む音節の前で e → è)
j' appellerais tu appellerais il appellerait n. appellerions v. appelleriez ils appelleraient	j' appelle tu appelles il appelle n. appelions v. appeliez ils appellent	j' appelasse tu appelasses il appelât n. appelassions v. appelassiez ils appelassent	appelle appelons appelez	—eter, —eler の動詞 jeter, rappeler など. (6型のものもある. e muet の前で t, l を重ね る)
je préférerais tu préférerais il préférerait n. préférerions v. préféreriez ils préféreraient	je préfère tu préfères il préfère n. préférions v. préfériez ils préfèrent	je préférasse tu préférasses il préférât n. préférassions v. préférassiez ils préférassent	préfère préférons préférez	—é＋子音＋er の動詞 céder, espérer, opérer, répéter など. (e muet を含む語末音節 の前で é → è)

不 定 形 分 詞 形	直 説 法			
	現　　在	半　過　去	単　純　過　去	単　純　未　来
9. employer 使う employant employé	j' emploie tu emploies il emploie n. employons v. employez ils emploient	j' employais tu employais il employait n. employions v. employiez ils employaient	j' employai tu employas il employa n. employâmes v. employâtes ils employèrent	j' emploierai tu emploieras il emploiera n. emploierons v. emploierez ils emploieront
10. envoyer 送る envoyant envoyé	j' envoie tu envoies il envoie n. envoyons v. envoyez ils envoient	j' envoyais tu envoyais il envoyait n. envoyions v. envoyiez ils envoyaient	j' envoyai tu envoyas il envoya n. envoyâmes v. envoyâtes ils envoyèrent	j' enverrai tu enverras il enverra n. enverrons v. enverrez ils enverront
11. aller 行く allant allé	je vais tu vas il va n. allons v. allez ils vont	j' allais tu allais il allait n. allions v. alliez ils allaient	j' allai tu allas il alla n. allâmes v. allâtes ils allèrent	j' irai tu iras il ira n. irons v. irez ils iront
12. finir 終える finissant fini	je finis tu finis il finit n. finissons v. finissez ils finissent	je finissais tu finissais il finissait n. finissions v. finissiez ils finissaient	je finis tu finis il finit n. finîmes v. finîtes ils finirent	je finirai tu finiras il finira n. finirons v. finirez ils finiront
13. partir 出発する partant parti	je pars tu pars il part n. partons v. partez ils partent	je partais tu partais il partait n. partions v. partiez ils partaient	je partis tu partis il partit n. partîmes v. partîtes ils partirent	je partirai tu partiras il partira n. partirons v. partirez ils partiront
14. courir 走る courant couru	je cours tu cours il court n. courons v. courez ils courent	je courais tu courais il courait n. courions v. couriez ils couraient	je courus tu courus il courut n. courûmes v. courûtes ils coururent	je courrai tu courras il courra n. courrons v. courrez ils courront
15. fuir 逃げる fuyant fui	je fuis tu fuis il fuit n. fuyons v. fuyez ils fuient	je fuyais tu fuyais il fuyait n. fuyions v. fuyiez ils fuyaient	je fuis tu fuis il fuit n. fuîmes v. fuîtes ils fuirent	je fuirai tu fuiras il fuira n. fuirons v. fuirez ils fuiront
16. mourir 死ぬ mourant mort	je meurs tu meurs il meurt n. mourons v. mourez ils meurent	je mourais tu mourais il mourait n. mourions v. mouriez ils mouraient	je mourus tu mourus il mourut n. mourûmes v. mourûtes ils moururent	je mourrai tu mourras il mourra n. mourrons v. mourrez ils mourront

条　件　法	接　　続　　法		命　令　法	同型活用の動詞
現　　在	現　　在	半　過　去	現　　在	（注意）
j' emploierais tu emploierais il emploierait n. emploierions v. emploieriez ils emploieraient	j' emploie tu emploies il emploie n. employions v. employiez ils emploient	j' employasse tu employasses il employât n. employassions v. employassiez ils employassent	emploie employons employez	—oyer, —uyer, —ayer の動詞 （e muet の前で y → i. —ayer は 3 型でもよい. また envoyer → 10）
j' enverrais tu enverrais il enverrait n. enverrions v. enverriez ils enverraient	j' envoie tu envoies il envoie n. envoyions v. envoyiez ils envoient	j' envoyasse tu envoyasses il envoyât n. envoyassions v. envoyassiez ils envoyassent	envoie envoyons envoyez	renvoyer （未来，条・現のみ 9 型と ことなる）
j' irais tu irais il irait n. irions v. iriez ils iraient	j' aille tu ailles il aille n. allions v. alliez ils aillent	j' allasse tu allasses il allât n. allassions v. allassiez ils allassent	va allons allez	
je finirais tu finirais il finirait n. finirions v. finiriez ils finiraient	je finisse tu finisses il finisse n. finissions v. finissiez ils finissent	je finisse tu finisses il finît n. finissions v. finissiez ils finissent	finis finissons finissez	第 2 群規則動詞
je partirais tu partirais il partirait n. partirions v. partiriez ils partiraient	je parte tu partes il parte n. partions v. partiez ils partent	je partisse tu partisses il partît n. partissions v. partissiez ils partissent	pars partons partez	dormir, endormir, se repentir, sentir, servir, sortir
je courrais tu courrais il courrait n. courrions v. courriez ils courraient	je coure tu coures il coure n. courions v. couriez ils courent	je courusse tu courusses il courût n. courussions v. courussiez ils courussent	cours courons courez	accourir, parcourir, secourir
je fuirais tu fuirais il fuirait n. fuirions v. fuiriez ils fuiraient	je fuie tu fuies il fuie n. fuyions v. fuyiez ils fuient	je fuisse tu fuisses il fuît n. fuissions v. fuissiez ils fuissent	fuis fuyons fuyez	s'enfuir
je mourrais tu mourrais il mourrait n. mourrions v. mourriez ils mourraient	je meure tu meures il meure n. mourions v. mouriez ils meurent	je mourusse tu mourusses il mourût n. mourussions v. mourussiez ils mourussent	meurs mourons mourez	

不 定 形 分 詞 形	直　　説　　法			
	現　　在	半　過　去	単　純　過　去	単　純　未　来
17. venir 来る venant venu	je viens tu viens il vient n. venons v. venez ils viennent	je venais tu venais il venait n. venions v. veniez ils venaient	je vins tu vins il vint n. vînmes v. vîntes ils vinrent	je viendrai tu viendras il viendra n. viendrons v. viendrez ils viendront
18. ouvrir あける ouvrant ouvert	j' ouvre tu ouvres il ouvre n. ouvrons v. ouvrez ils ouvrent	j' ouvrais tu ouvrais il ouvrait n. ouvrions v. ouvriez ils ouvraient	j' ouvris tu ouvris il ouvrit n. ouvrîmes v. ouvrîtes ils ouvrirent	j' ouvrirai tu ouvriras il ouvrira n. ouvrirons v. ouvrirez ils ouvriront
19. rendre 返す rendant rendu	je rends tu rends il rend n. rendons v. rendez ils rendent	je rendais tu rendais il rendait n. rendions v. rendiez ils rendaient	je rendis tu rendis il rendit n. rendîmes v. rendîtes ils rendirent	je rendrai tu rendras il rendra n. rendrons v. rendrez ils rendront
20. mettre 置く mettant mis	je mets tu mets il met n. mettons v. mettez ils mettent	je mettais tu mettais il mettait n. mettions v. mettiez ils mettaient	je mis tu mis il mit n. mîmes v. mîtes ils mirent	je mettrai tu mettras il mettra n. mettrons v. mettrez ils mettront
21. battre 打つ battant battu	je bats tu bats il bat n. battons v. battez ils battent	je battais tu battais il battait n. battions v. battiez ils battaient	je battis tu battis il battit n. battîmes v. battîtes ils battirent	je battrai tu battras il battra n. battrons v. battrez ils battront
22. suivre ついて行く suivant suivi	je suis tu suis il suit n. suivons v. suivez ils suivent	je suivais tu suivais il suivait n. suivions v. suiviez ils suivaient	je suivis tu suivis il suivit n. suivîmes v. suivîtes ils suivirent	je suivrai tu suivras il suivra n. suivrons v. suivrez ils suivront
23. vivre 生きる vivant vécu	je vis tu vis il vit n. vivons v. vivez ils vivent	je vivais tu vivais il vivait n. vivions v. viviez ils vivaient	je vécus tu vécus il vécut n. vécûmes v. vécûtes ils vécurent	je vivrai tu vivras il vivra n. vivrons v. vivrez ils vivront
24. écrire 書く écrivant écrit	j' écris tu écris il écrit n. écrivons v. écrivez ils écrivent	j' écrivais tu écrivais il écrivait n. écrivions v. écriviez ils écrivaient	j' écrivis tu écrivis il écrivit n. écrivîmes v. écrivîtes ils écrivirent	j' écrirai tu écriras il écrira n. écrirons v. écrirez ils écriront

条　件　法	接　続　法		命　令　法	同型活用の動詞
現　在	現　在	半　過　去	現　在	（注意）
je viendrais tu viendrais il viendrait n. viendrions v. viendriez ils viendraient	je vienne tu viennes il vienne n. venions v. veniez ils viennent	je vinsse tu vinsses il vînt n. vinssions v. vinssiez ils vinssent	viens venons venez	convenir, devenir, provenir, revenir, se souvenir ; tenir, appartenir, maintenir, obtenir, retenir, soutenir
j' ouvrirais tu ouvrirais il ouvrirait n. ouvririons v. ouvririez ils ouvriraient	j' ouvre tu ouvres il ouvre n. ouvrions v. ouvriez ils ouvrent	j' ouvrisse tu ouvrisses il ouvrît n. ouvrissions v. ouvrissiez ils ouvrissent	ouvre ouvrons ouvrez	couvrir, découvrir, offrir, souffrir
je rendrais tu rendrais il rendrait n. rendrions v. rendriez ils rendraient	je rende tu rendes il rende n. rendions v. rendiez ils rendent	je rendisse tu rendisses il rendît n. rendissions v. rendissiez ils rendissent	rends rendons rendez	attendre, défendre, descendre entendre, perdre, prétendre, répondre, tendre, vendre
je mettrais tu mettrais il mettrait n. mettrions v. mettriez ils mettraient	je mette tu mettes il mette n. mettions v. mettiez ils mettent	je misse tu misses il mît n. missions v. missiez ils missent	mets mettons mettez	admettre, commettre, permettre, promettre, remettre, soumettre
je battrais tu battrais il battrait n. battrions v. battriez ils battraient	je batte tu battes il batte n. battions v. battiez ils battent	je battisse tu battisses il battît n. battissions v. battissiez ils battissent	bats battons battez	abattre, combattre
je suivrais tu suivrais il suivrait n. suivrions v. suivriez ils suivraient	je suive tu suives il suive n. suivions v. suiviez ils suivent	je suivisse tu suivisses il suivît n. suivissions v. suivissiez ils suivissent	suis suivons suivez	poursuivre
je vivrais tu vivrais il vivrait n. vivrions v. vivriez ils vivraient	je vive tu vives il vive n. vivions v. viviez ils vivent	je vécusse tu vécusses il vécût n. vécussions v. vécussiez ils vécussent	vis vivons vivez	
j' écrirais tu écrirais il écrirait n. écririons v. écririez ils écriraient	j' écrive tu écrives il écrive n. écrivions v. écriviez ils écrivent	j' écrivisse tu écrivisses il écrivît n. écrivissions v. écrivissiez ils écrivissent	écris écrivons écrivez	décrire, inscrire

不 定 形 分 詞 形	直　　説　　法			
	現　　在	半 過 去	単 純 過 去	単 純 未 来
25. connaître 知っている connaissant connu	je connais tu connais il connaît n. connaissons v. connaissez ils connaissent	je connaissais tu connaissais il connaissait n. connaissions v. connaissiez ils connaissaient	je connus tu connus il connut n. connûmes v. connûtes ils connurent	je connaîtrai tu connaîtras il connaîtra n. connaîtrons v. connaîtrez ils connaîtront
26. naître 生まれる naissant né	je nais tu nais il naît n. naissons v. naissez ils naissent	je naissais tu naissais il naissait n. naissions v. naissiez ils naissaient	je naquis tu naquis il naquit n. naquîmes v. naquîtes ils naquirent	je naîtrai tu naîtras il naîtra n. naîtrons v. naîtrez ils naîtront
27. conduire みちびく conduisant conduit	je conduis tu conduis il conduit n. conduisons v. conduisez ils conduisent	je conduisais tu conduisais il conduisait n. conduisions v. conduisiez ils conduisaient	je conduisis tu conduisis il conduisit n. conduisîmes v. conduisîtes ils conduisirent	je conduirai tu conduiras il conduira n. conduirons v. conduirez ils conduiront
28. suffire 足りる suffisant suffi	je suffis tu suffis il suffit n. suffisons v. suffisez ils suffisent	je suffisais tu suffisais il suffisait n. suffisions v. suffisiez ils suffisaient	je suffis tu suffis il suffit n. suffîmes v. suffîtes ils suffirent	je suffirai tu suffiras il suffira n. suffirons v. suffirez ils suffiront
29. lire 読む lisant lu	je lis tu lis il lit n. lisons v. lisez ils lisent	je lisais tu lisais il lisait n. lisions v. lisiez ils lisaient	je lus tu lus il lut n. lûmes v. lûtes ils lurent	je lirai tu liras il lira n. lirons v. lirez ils liront
30. plaire 気に入る plaisant plu	je plais tu plais il plaît n. plaisons v. plaisez ils plaisent	je plaisais tu plaisais il plaisait n. plaisions v. plaisiez ils plaisaient	je plus tu plus il plut n. plûmes v. plûtes ils plurent	je plairai tu plairas il plaira n. plairons v. plairez ils plairont
31. dire 言う disant dit	je dis tu dis il dit n. disons v. dites ils disent	je disais tu disais il disait n. disions v. disiez ils disaient	je dis tu dis il dit n. dîmes v. dîtes ils dirent	je dirai tu diras il dira n. dirons v. direz ils diront
32. faire する faisant [fzɑ̃] fait	je fais tu fais il fait n. faisons [fzɔ̃] v. faites ils font	je faisais [fzɛ] tu faisais il faisait n. faisions v. faisiez ils faisaient	je fis tu fis il fit n. fîmes v. fîtes ils firent	je ferai tu feras il fera n. ferons v. ferez ils feront

条 件 法	接 続 法		命 令 法	同型活用の動詞
現　在	現　在	半　過　去	現　在	（注意）
je connaîtrais tu connaîtrais il connaîtrait n. connaîtrions v. connaîtriez ils connaîtraient	je connaisse tu connaisses il connaisse n. connaissions v. connaissiez ils connaissent	je connusse tu connusses il connût n. connussions v. connussiez ils connussent	connais connaissons connaissez	reconnaître ; paraître, apparaître, disparaître （t の前で i → î）
je naîtrais tu naîtrais il naîtrait n. naîtrions v. naîtriez ils naîtraient	je naisse tu naisses il naisse n. naissions v. naissiez ils naissent	je naquisse tu naquisses il naquît n. naquissions v. naquissiez ils naquissent	nais naissons naissez	renaître （t の前で i → î）
je conduirais tu conduirais il conduirait n. conduirions v. conduiriez ils conduiraient	je conduise tu conduises il conduise n. conduisions v. conduisiez ils conduisent	je conduisisse tu conduisisses il conduisît n. conduisissions v. conduisissiez ils conduisissent	conduis conduisons conduisez	introduire, produire, traduire ; construire, détruire
je suffirais tu suffirais il suffirait n. suffirions v. suffiriez ils suffiraient	je suffise tu suffises il suffise n. suffisions v. suffisiez ils suffisent	je suffisse tu suffisses il suffît n. suffissions v. suffissiez ils suffissent	suffis suffisons suffisez	
je lirais tu lirais il lirait n. lirions v. liriez ils liraient	je lise tu lises il lise n. lisions v. lisiez ils lisent	je lusse tu lusses il lût n. lussions v. lussiez ils lussent	lis lisons lisez	élire, relire
je plairais tu plairais il plairait n. plairions v. plairiez ils plairaient	je plaise tu plaises il plaise n. plaisions v. plaisiez ils plaisent	je plusse tu plusses il plût n. plussions v. plussiez ils plussent	plais plaisons plaisez	déplaire, taire （ただし taire の直・現・ 3 人称単数 il tait）
je dirais tu dirais il dirait n. dirions v. diriez ils diraient	je dise tu dises il dise n. disions v. disiez ils disent	je disse tu disses il dît n. dissions v. dissiez ils dissent	dis disons dites	redire
je ferais tu ferais il ferait n. ferions v. feriez ils feraient	je fasse tu fasses il fasse n. fassions v. fassiez ils fassent	je fisse tu fisses il fît n. fissions v. fissiez ils fissent	fais faisons faites	défaire, refaire, satisfaire

不定形 分詞形	直 説 法			
	現 在	半 過 去	単 純 過 去	単 純 未 来
33. rire 笑う riant ri	je ris tu ris il rit n. rions v. riez ils rient	je riais tu riais il riait n. riions v. riiez ils riaient	je ris tu ris il rit n. rîmes v. rîtes ils rirent	je rirai tu riras il rira n. rirons v. rirez ils riront
34. croire 信じる croyant cru	je crois tu crois il croit n. croyons v. croyez ils croient	je croyais tu croyais il croyait n. croyions v. croyiez ils croyaient	je crus tu crus il crut n. crûmes v. crûtes ils crurent	je croirai tu croiras il croira n. croirons v. croirez ils croiront
35. craindre おそれる craignant craint	je crains tu crains il craint n. craignons v. craignez ils craignent	je craignais tu craignais il craignait n. craignions v. craigniez ils craignaient	je craignis tu craignis il craignit n. craignîmes v. craignîtes ils craignirent	je craindrai tu craindras il craindra n. craindrons v. craindrez ils craindront
36. prendre とる prenant pris	je prends tu prends il prend n. prenons v. prenez ils prennent	je prenais tu prenais il prenait n. prenions v. preniez ils prenaient	je pris tu pris il prit n. prîmes v. prîtes ils prirent	je prendrai tu prendras il prendra n. prendrons v. prendrez ils prendront
37. boire 飲む buvant bu	je bois tu bois il boit n. buvons v. buvez ils boivent	je buvais tu buvais il buvait n. buvions v. buviez ils buvaient	je bus tu bus il but n. bûmes v. bûtes ils burent	je boirai tu boiras il boira n. boirons v. boirez ils boiront
38. voir 見る voyant vu	je vois tu vois il voit n. voyons v. voyez ils voient	je voyais tu voyais il voyait n. voyions v. voyiez ils voyaient	je vis tu vis il vit n. vîmes v. vîtes ils virent	je verrai tu verras il verra n. verrons v. verrez ils verront
39. asseoir 座らせる asseyant assoyant assis	j' assieds tu assieds il assied n. asseyons v. asseyez ils asseyent j' assois tu assois il assoit n. assoyons v. assoyez ils assoient	j' asseyais tu asseyais il asseyait n. asseyions v. asseyiez ils asseyaient j' assoyais tu assoyais il assoyait n. assoyions v. assoyiez ils assoyaient	j' assis tu assis il assit n. assîmes v. assîtes ils assirent	j' assiérai tu assiéras il assiéra n. assiérons v. assiérez ils assiéront j' assoirai tu assoiras il assoira n. assoirons v. assoirez ils assoiront

条件法	接続法		命令法	同型活用の動詞
現　在	現　在	半　過　去	現　在	（注意）
je rirais tu rirais il rirait n. ririons v. ririez ils riraient	je rie tu ries il rie n. riions v. riiez ils rient	je risse tu risses il rît n. rissions v. rissiez ils rissent	ris rions riez	sourire
je croirais tu croirais il croirait n. croirions v. croiriez ils croiraient	je croie tu croies il croie n. croyions v. croyiez ils croient	je crusse tu crusses il crût n. crussions v. crussiez ils crussent	crois croyons croyez	
je craindrais tu craindrais il craindrait n. craindrions v. craindriez ils craindraient	je craigne tu craignes il craigne n. craignions v. craigniez ils craignent	je craignisse tu craignisses il craignît n. craignissions v. craignissiez ils craignissent	crains craignons craignez	plaindre ; atteindre, éteindre, peindre; joindre, rejoindre
je prendrais tu prendrais il prendrait n. prendrions v. prendriez ils prendraient	je prenne tu prennes il prenne n. prenions v. preniez ils prennent	je prisse tu prisses il prît n. prissions v. prissiez ils prissent	prends prenons prenez	apprendre, comprendre, surprendre
je boirais tu boirais il boirait n. boirions v. boiriez ils boiraient	je boive tu boives il boive n. buvions v. buviez ils boivent	je busse tu busses il bût n. bussions v. bussiez ils bussent	bois buvons buvez	
je verrais tu verrais il verrait n. verrions v. verriez ils verraient	je voie tu voies il voie n. voyions v. voyiez ils voient	je visse tu visses il vît n. vissions v. vissiez ils vissent	vois voyons voyez	revoir
j' assiérais tu assiérais il assiérait n. assiérions v. assiériez ils assiéraient	j' asseye tu asseyes il asseye n. asseyions v. asseyiez ils asseyent	j' assisse tu assisses il assît n. assissions v. assissiez ils assissent	assieds asseyons asseyez	（代名動詞 s'asseoir と して用いられることが 多い．下段は俗語調）
j' assoirais tu assoirais il assoirait n. assoirions v. assoiriez ils assoiraient	j' assoie tu assoies il assoie n. assoyions v. assoyiez ils assoient		assois assoyons assoyez	

不 定 形 分 詞 形	直　　説　　法			
	現　　在	半　過　去	単　純　過　去	単　純　未　来
40. recevoir 受取る recevant reçu	je　reçois tu　reçois il　reçoit n.　recevons v.　recevez ils　reçoivent	je　recevais tu　recevais il　recevait n.　recevions v.　receviez ils　recevaient	je　reçus tu　reçus il　reçut n.　reçûmes v.　reçûtes ils　reçurent	je　recevrai tu　recevras il　recevra n.　recevrons v.　recevrez ils　recevront
41. devoir ねばならぬ devant dû, due dus, dues	je　dois tu　dois il　doit n.　devons v.　devez ils　doivent	je　devais tu　devais il　devait n.　devions v.　deviez ils　devaient	je　dus tu　dus il　dut n.　dûmes v.　dûtes ils　durent	je　devrai tu　devras il　devra n.　devrons v.　devrez ils　devront
42. pouvoir できる pouvant pu	je　peux (puis) tu　peux il　peut n.　pouvons v.　pouvez ils　peuvent	je　pouvais tu　pouvais il　pouvait n.　pouvions v.　pouviez ils　pouvaient	je　pus tu　pus il　put n.　pûmes v.　pûtes ils　purent	je　pourrai tu　pourras il　pourra n.　pourrons v.　pourrez ils　pourront
43. vouloir のぞむ voulant voulu	je　veux tu　veux il　veut n.　voulons v.　voulez ils　veulent	je　voulais tu　voulais il　voulait n.　voulions v.　vouliez ils　voulaient	je　voulus tu　voulus il　voulut n.　voulûmes v.　voulûtes ils　voulurent	je　voudrai tu　voudras il　voudra n.　voudrons v.　voudrez ils　voudront
44. savoir 知っている sachant su	je　sais tu　sais il　sait n.　savons v.　savez ils　savent	je　savais tu　savais il　savait n.　savions v.　saviez ils　savaient	je　sus tu　sus il　sut n.　sûmes v.　sûtes ils　surent	je　saurai tu　sauras il　saura n.　saurons v.　saurez ils　sauront
45. valoir 価値がある valant valu	je　vaux tu　vaux il　vaut n.　valons v.　valez ils　valent	je　valais tu　valais il　valait n.　valions v.　valiez ils　valaient	je　valus tu　valus il　valut n.　valûmes v.　valûtes ils　valurent	je　vaudrai tu　vaudras il　vaudra n.　vaudrons v.　vaudrez ils　vaudront
46. falloir 必要である — fallu	il　faut	il　fallait	il　fallut	il　faudra
47. pleuvoir 雨が降る pleuvant plu	il　pleut	il　pleuvait	il　plut	il　pleuvra

条　件　法		接　続　法		命　令　法	同型活用の動詞（注意）
現　在		現　在	半　過　去	現　在	
je recevrais tu recevrais il recevrait n. recevrions v. recevriez ils recevraient		je reçoive tu reçoives il reçoive n. recevions v. receviez ils reçoivent	je reçusse tu reçusses il reçût n. reçussions v. reçussiez ils reçussent	reçois recevons recevez	apercevoir, concevoir
je devrais tu devrais il devrait n. devrions v. devriez ils devraient		je doive tu doives il doive n. devions v. deviez ils doivent	je dusse tu dusses il dût n. dussions v. dussiez ils dussent		（過去分詞は du＝de＋le と区別するために男性単数のみ dû と綴る）
je pourrais tu pourrais il pourrait n. pourrions v. pourriez ils pourraient		je puisse tu puisses il puisse n. puissions v. puissiez ils puissent	je pusse tu pusses il pût n. pussions v. pussiez ils pussent		
je voudrais tu voudrais il voudrait n. voudrions v. voudriez ils voudraient		je veuille tu veuilles il veuille n. voulions v. vouliez ils veuillent	je voulusse tu voulusses il voulût n. voulussions v. voulussiez ils voulussent	veuille veuillons veuillez	
je saurais tu saurais il saurait n. saurions v. sauriez ils sauraient		je sache tu saches il sache n. sachions v. sachiez ils sachent	je susse tu susses il sût n. sussions v. sussiez ils sussent	sache sachons sachez	
je vaudrais tu vaudrais il vaudrait n. vaudrions v. vaudriez ils vaudraient		je vaille tu vailles il vaille n. valions v. valiez ils vaillent	je valusse tu valusses il valût n. valussions v. valussiez ils valussent		
il faudrait		il faille	il fallût		
il pleuvrait		il pleuve	il plût